IULIAN TRIBOI

A TREIA CARTE

Cartea celor mulți
Arhiva nevăzută a suferinzilor
Codurile rezolvării crizelor

2025

ISBN 9781836888109

Cuvânt Înainte

Această carte nu este doar o lucrare. Este o mărturie vie. Este o arhivă a celor care au suferit în tăcere, o hartă a celor care au căutat sens în durere și o mână întinsă către cei care încă mai caută.

Iulian Triboi nu a scris doar despre suferință. A transcris-o. A prelucrat-o. A transformat-o în coduri de înțelepciune. Aici nu vei găsi teorii abstracte sau sfaturi detașate de realitate. Vei găsi o oglindă — una care nu doar reflectă, ci și vindecă.

A Treia Carte este mai mult decât o continuare a celorlalte două. Este rădăcina lor. Este pământul din care au crescut, ploaia care le-a hrănit, și scânteia care le-a dat viață. Aici, suferința devine limbaj, iar traumele — cărți de acces către o conștiință mai adâncă.

Dacă ai simțit vreodată că suferința ta nu are cuvinte, că rănile tale nu au poveste, sau că drumul tău este unul singur, această carte este și pentru tine. Nu pentru că îți oferă răspunsuri, ci pentru că te invită să îți pui întrebările potrivite. Nu pentru că te vindecă, ci pentru că te învață cum să te vindeci.

Nu vei citi doar despre alții. Te vei recunoaște. În fiecare cod, în fiecare reflecție, în fiecare „iulianism", vei găsi o parte din tine — uneori uitată, alteori negată, mereu așteptând să fie văzută.

Aceasta este cartea celor care nu au avut voie să sufere cu voce tare. A celor care au iubit până la epuizare. A celor care au fost neînțeleși, neauziți, nevăzuți.

Citește-o nu doar cu mintea, ci și cu inima deschisă. Lasă-te dus de curentul ei. Lasă-te să te regăsești. Și, dacă vei simți că ceva în tine se mișcă, să știi — nu ești singur. Niciodată nu ai fost.

Cu respect și recunoștință pentru darul tău de a fi aici,

Iulian Triboi

Prefață

Cartea celor mulți – Arhiva nevăzută a suferinzilor

Am scris două cărți înainte de aceasta. Le-am scris repede, pentru că nu le-am inventat. Le purtam în mine de zeci de ani, tăcute, dar vii, ca niște revelații care nu cereau decât să fie lăsate libere. Au fost despre mine, despre noi, despre alegerea de a nu mai suferi, despre iubire, simbioză, timp și vindecare.

Dar această carte... Această carte nu este despre mine. Nici despre vreun adevăr unic. Este despre ceilalți, despre cei mulți. Despre aceia care mi-au trecut pragul în tăcere sau cu un strigăt, cu o speranță sau cu o ultimă întrebare. Despre suferințele care nu și-au găsit cuvântul în nicio altă carte. Despre cei care nu au avut timp să scrie, dar au avut timp să moară puțin, în fiecare zi.

Am fost martor. Uneori ghid. Alteori doar o mână care a atins un umăr tremurând. Dar mai ales, am fost un vas. Un canal prin care durerea altora s-a transformat în lumină, nu pentru că a fost învinsă, ci pentru că a fost ascultată până la capăt.

Această carte este o arhivă nevăzută. Nu conține povești, nume sau dosare, ci povestiri despre ei prin mine și despre mine prin ei. Conține rezonanțe. Coduri vii din viața celor mulți, din rănile și revelațiile lor. Fiecare paragraf este un fragment de viață al cuiva care nu a știut că trăiește un adevăr universal.

Nu am scris-o pentru glorie. Am scris-o ca să nu uit. Să nu uit de mine... să nu uit de ei. Ca să nu lăsăm uitarea să ucidă și a doua oară ce n-a fost niciodată înțeles.

Dacă ai fost vreodată bolnav cu sau fără diagnostic, dacă ai plâns în tăcere fără să fii auzit, dacă ai iubit până la epuizare fără să primești înapoi, dacă ai fost vinovat fără vină, sau puternic deși erai la pământ, atunci această carte e și a ta. O scriu eu, dar tu ești autorul nevăzut.

Aceasta este Cartea celor mulți. O mărturie despre suferința ca realitate colectivă și despre posibilitatea de a o transforma în înțelepciune comună.Nu-ți cere să fii de acord. Îți cere doar să o citești cu inimă deschisă. Și, dacă te regăsești, să știi că n-ai fost niciodată singur.De fapt… aceasta este PRIMA CARTE, cea trăită din care s-au născut celelalte două cărți

Cele trei cărți sunt un ciclu al transformării: **A Treia Carte** este rădăcina vie din care au crescut celelalte două. **A doua Carte** a fost arătarea semnelor pe potecile pe care pelerinii mei le-au bătut — am țesut lecțiile lor în hărți pentru alții. Iar **Prima Carte** este comoara strânsă la piept, unde durerea a devenit înțelepciune. Dacă celelalte două sunt lumânări aprinse pentru minți, **A Treia Carte** este scânteia care le-a dat viață, amintirea că și eu am cutreierat întunericul cu mâinile goale.

Cele trei cărți sunt ca un copac in natură: Prima Carte este pământul și ploaia din care s-au născut rădăcinile — experiențele brute care m-au hrănit. A Doua Carte este trunchiul si crengile pe care alții au călcat ca să se ridice. Iar A Treia Carte reprezinta fructul pe care îl ofer acum, vouă, cu amândouă mâinile.

Iulian Triboi

Cuprins

Cuvânt Înainte..1

Prefață..3

Cuprins..5

Capitolul 1
Deschiderea codurilor..7

Capitolul 2
Dezvoltarea Codurilor Funcționale..10
Protocolul Interterapeutic Aplicat..64

Capitolul 3
Ghid practic de aplicare..75

Capitolul 4
„Primul Pelerin"..89

Capitolul 5
Darul care te pedepseste daca il refuzi..104

Capitolul 6
Metamorfoză: Paznicul devenit sfânt..115

Capitolul 7
Mâna pierdută, fericirea câștigată..131

Capitolul 8
Noaptea în care s-au deschis codurile..155

Capitolul 9

Oglinda din Abis..163

Capitolul 10

Codurile Tăcerii Care Vindecă.........................169

Capitolul 11

Introducere în platforma IULIAN AI....................174

Bibliografie..199

Cuvânt de final..201

Scrisoare către generații...............................203

Capitolul 1

Deschiderea codurilor

Această carte nu este o culegere de idei. Nu este un eseu filozofic. Nu este nici terapie mascată în literatură. Este o hartă. Un instrument de navigație pentru cei care vor să traverseze viața nu în derivă, ci în cunoștință de cauză.

Tot ce vei citi în această lucrare se bazează pe o axiomă simplă, dar greu de acceptat:

Realitatea nu este ceea ce ți se întâmplă. Ci ceea ce alegi sa interpretezi și apoi să trăiești din ceea ce ți se întâmplă.

Aceasta nu este o carte de teorie. Este o carte născută din practică. Scrisă de un om care, încă din adolescență, a înțeles că suferința nu este un accident, ci un cod. Iar în spatele fiecărei traume, există o informație care te poate elibera – dacă o înțelegi.

Cum se citește această carte?

Fiecare capitol conține:

-o întrebare fundamentală, de tip inițiatic sau existențial și anume "cum se rezolva criza? Ce ar trebui sa fac intr-o situatie asemanatoare?"

-un răspuns formulat de autor în registru direct, uneori dur, dar întotdeauna revelator;

-reflecții care extrag codurile – acele principii vii care pot fi aplicate imediat în viață;

-inserții de iulianisme – fraze scurte, comprimate, care conțin adevăruri de tip nuclear.

Cititorule, nu ți se cere să fii de acord. Ți se cere doar să fii sincer. Dacă simți o rezistență la ceea ce citești, întreabă-te: mă deranjează pentru că e fals – sau pentru că e prea aproape de ceva ce refuz să văd?

Aceasta este o carte care te poate transforma. Dar nu oricum. Ci doar dacă o citești cu ego-ul jos și mintea trează.

Cine este autorul?
Un om care nu și-a căutat un public, ci și-a trăit ideologia. Nu scriu pentru faimă, validare sau dezbatere. Scriu pentru a da umanității ceea ce am extras cu durere, claritate și discernământ din viața trăită și înțeleasă pana m-am echilibrat și am devenit sustenabil și fericit. Fiecare propoziție pe care o vei citi vine din practică, nu din bibliotecă. Fiecare „adevăr" de aici a fost testat pe suferință, verificat prin vindecare și confirmat prin coerență.

Iulianisme – Coduri comprimate pentru conștiință trează
„Doar îngerii pot vedea și simți alți îngeri."
Aceasta nu e poezie – este un diagnostic. Un om nu poate recunoaște în altul decât ceea ce are deja în el. Dacă simți în cineva o lumină, e pentru că și tu o porți. Dacă nu vezi nimic – e pentru că încă nu ești activ în acel registru.
„Tot ceea ce văd și simt alții că sunt eu, de fapt, sunt ei înșiși."
Proiecția nu e o idee psihologică – e o lege. Nimeni nu te vede „așa cum ești". Fiecare om te filtrează prin ceea ce conține el. Dacă cineva te numește arogant, poate nu a înțeles fermitatea. Dacă te numește slab, poate nu înțelege blândețea. Ce zice despre tine e o radiografie a lui, nu a ta.
„Nu te poți uita la stele cu termometrul."
Traducere: dacă folosești instrumente greșite, nu vei înțelege realitatea. Nu poți înțelege un om emoțional cu logica pură. Nu poți măsura iubirea cu știința. Fiecare domeniu are limbajul și scara lui.
„Când dorința e mai mare decât frica, urmăm dorinței. Și invers."
Aceasta este legea alegerii în acțiune. Nu alegem ce vrem. Alegem ce ne domină: frica sau dorința. De aici decurge tot comportamentul uman. Nu e voință. E balans interior.

„Empatia fără codul vindecării duce doar la confirmarea durerii."

Simțirea nu e suficientă. Dacă nu ai soluția, empatia ta poate chiar închide rana mai adânc. Adevăratul ajutor nu e să simți cu celălalt – ci să știi pe unde iese.

„Suferința nu vine din eveniment, ci din hotărârea ta."

Aceasta este cheia eliberării. Poți trăi exact același lucru ca altcineva, dar reacția diferă în funcție de alegerea ta interioară. Suferința nu este automată. Este o decizie inconștientă care poate deveni conștientă.

„Trauma este cod evolutiv. Suferința e alegere."

Trauma e declanșatorul. Ea te mișcă. Dar rămânerea în durere e o opțiune. Odată ce ai primit semnalul, ai două căi: folosește-l, sau repetă-l până înveți.

Această carte nu este pentru oricine. Dar este pentru oricine este gata.

Capitolul 2

Dezvoltarea Codurilor Funcționale - Stil Triboi Iulian
(aceste coduri raspund si genereaza solutii la orice intrebare sau problema de natura psihoemotionala)

1. Coduri de conștiință și vindecare interioară – Stil Triboi Iulian

1.1. Codul Menirii: Găsește-ți zona unde prezența ta lucrează fără effort

Ce înseamnă acest cod?
Menirea nu e o profesie, nici o chemare mistică, nici un rol impus de societate. Este acel spațiu interior și exterior unde prezența ta începe să repare lucruri fără să-ți propui. Este locul în care existența ta schimbă starea altora — fără să vorbești, fără să te agiți, fără să demonstrezi. Este atunci când intri într-o cameră și cineva simte speranță. Este atunci când taci — și totuși cineva se liniștește. Este atunci când faci ceva care te hrănește și pe tine și pe ceilalți, în același timp.

Cum o recunoști?
– Simți o energie stabilă când faci acel lucru. Nu obosești. Te regenerezi.
– Nu e nevoie să fii altcineva. Nu forțezi nimic. Ești TU — și e deajuns.
– Alții se transformă în prezența ta fără să le impui nimic.
– Apare o senzație de firesc: „așa trebuia să fie". Fără explicații.

Exemplu concret:
Un om crede că trebuie să fie terapeut. Merge la cursuri, învață,

dar totul pare greoi. Apoi, într-o zi, își ia un câine bolnav de pe stradă, îl îngrijește — și își dă seama că, fără să vrea, și vecinii i-au lăsat câini la el. Animalele încep să se facă bine. Copiii îl caută. Fără diplome, fără marketing, omul vindecă prin prezență. Acolo e menirea. Nu în ceea ce a crezut. Ci în ceea ce îl hrănea fără să-l consume.

Argument logic:
Creierul uman are două tipuri de consum energetic:
– efortul artificial: când acționezi împotriva structurii tale naturale;
– efortul integrat: când intri într-un flux care îți activează rețeaua de recompensă internă.

Argument științific:
Când ești în menirea ta, corpul eliberează dopamină și oxitocină fără epuizare, iar cortexul prefrontal (cel responsabil de identitate și sens) rămâne activ — fără să intre în burnout.

De ce e vital să ți-o găsești?
Pentru că dacă nu-ți găsești menirea, te obligi să muncești în afara ființei tale. Și asta e cea mai sigură cale spre depresie, anxietate și boală autoimună. Corpul tău te va sabota — doar ca să nu continui să trăiești ca altcineva.

1.2. Codul Simbiozei: Creează echilibru între a oferi și a primi

Ce înseamnă acest cod?
Simbioza nu e un contract, ci o stare vie de echilibru în care doi oameni, două sisteme sau două forme de energie se hrănesc reciproc — fără să se exploateze. În natură, toate relațiile

funcționale se bazează pe simbioză: copacul oferă oxigen, omul oferă dioxid de carbon; albinele polenizează, florile oferă nectar.

În viața umană, simbioza sănătoasă apare atunci când ceea ce dăruiești nu te golește — și ceea ce primești nu te face dependent

Cum recunoști că ești în simbioză?
– Nu simți epuizare după ce ajuți.
– Cei din jur cresc alături de tine — nu se agață de tine.
– Nu simți vină când ceri, și nu simți superioritate când oferi.
– Există reciprocitate — chiar dacă nu e perfectă, este vie.

Exemplu concret:
O femeie își crește copilul singură. Muncește, gătește, îngrijește. Spune că îl iubește. Dar e mereu epuizată, critică și iritată. Copilul crește cu un mesaj dublu: „te iubesc dar mă distrugi". Asta nu e simbioză. Este autosacrificiu transformat în vinovăție. Dacă mama ar cere sprijin, dacă ar dormi, dacă ar lăsa copilul să contribuie, chiar și simbolic, se restabilește echilibrul. Asta e simbioză.

Argument științific:
La nivel neurochimic, relațiile dezechilibrate cresc cortizolul și scad serotonina — adică transformă iubirea în stres. Relațiile simbiotice echilibrate cresc oxitocina, dopamina și sentimentul de „co-erență identitară" — un termen folosit în neuropsihiatrie pentru a desemna senzația că „sunt acasă în mine însumi".

De ce e vital?
Pentru că dacă tot ce faci e să oferi, vei deveni un „vindecător bolnav". Dacă tot ce faci e să primești, vei deveni un „copil adult" care nu-și asumă viața. Simbioza nu este despre echitate contabilă, ci despre co-creație. Unde e viață reciprocă — e vindecare.

A se utiliza Worksheet-ul nr. 11 — Echilibru ofer/primesc (jurnal 7 zile).

1.3. Codul Răului Transformator: Învață din cădere.
Întreabă-te ce ai refuzat să recunoști

Ce înseamnă acest cod?
Răul, în forma sa brută, nu este doar o întâmplare exterioară. Este un semnal brutal că ai ignorat o lecție, un adevăr, o nevoie profundă. Nu este un dușman de exterminat, ci o oglindă care nu te mai menajează. Când „îți merge rău", întreabă-te: ce am refuzat să înfrunt? Ce am evitat? Ce nu vreau să accept despre mine, despre alții,despre...lume? Transformarea începe în clipa în care nu mai vrei să scapi de rău — ci să-l înțelegi.

Cum se manifestă acest cod în viața reală?
– Când cazi, vezi unde ai alunecat, nu doar cine te-a împins.
– Când te doare, caută rana reală, nu doar vinovatul.
– Când totul pare că se prăbușește, vezi ce vrea să se construiască din ruine.

Exemplu concret:
O femeie trece printr-un divorț dureros. Se simte trădată. În loc să se vindece, se încrâncenează și caută vinovați. Într-o terapie profundă, își amintește că în copilărie mama ei a fost abandonată de tatăl ei. Trauma transmisă inconștient era: „iubirea dispare, bărbatul pleacă". Răul trăit ca adult nu era o simplă trădare, ci *reluarea unui cod nevindecat*. Odată înțeles, nu mai era doar o durere. Era o lecție, un semnal.

Argument științific:

Psihotraumatologia arată că trauma repetitivă este, de fapt, o *reexprimare inconștientă a unui conflict nerezolvat*. Creierul reia scenarii traumatice pentru a le putea „închide". Dacă nu înțelegem ce am refuzat să recunoaștem (durerea, vinovăția, furia, neputința), creierul ne va forța să o retrăim până o integrăm.

De ce e vital?
Pentru că până nu înțelegi răul, îl repeți. Și până nu accepți lecția, o porți ca blestem. Răul nu e o pedeapsă. Este o șansă radicală de trezire. Un duș rece care te poate trezi — dacă alegi să deschizi ochii.

1.4. Codul Recunoașterii: Respectă-ți darul și cere echitate, nu milă

Ce înseamnă acest cod?
Nu există dar autentic care să nu fie însoțit de riscul de a fi ignorat sau exploatat. Multe ființe sensibile oferă prea mult, prea repede, așteptând ca ceilalți să simtă ce valorează. Dar valoarea ta nu e ceva ce trebuie intuit. Este ceva ce trebuie *asumat, exprimat și protejat*.

Recunoașterea începe cu tine: când știi ce dar ai, știi și ce să refuzi. Mila este ce primește un om perceput ca inferior. *Echitatea* este ce primește un om recunoscut ca egal.

Cum aplici acest cod?
– Nu mai accepta relații unde ești „salvat". Caută relații unde ești „ales".
– Nu-ți mai vinde darul pentru acceptare. Așteaptă parteneri care îl valorizează.
– Nu confunda umilința cu disponibilitatea de a fi călcat în picioare.

Exemplu concret:
Un terapeut empatic simte totul din prima. Se implică enorm. Oamenii se descarcă, apoi dispar fără urmă. Terapeutul se consumă și se simte folosit. Adevărul? Nu i-a cerut nimeni să dea tot. Nu a stabilit limite. Nu și-a exprimat valoarea — a așteptat s-o vadă alții. Abia când a început să pună condiții clare (preț, timp, obiectiv), clienții potriviți au început să apară. Recunoașterea de sine a adus recunoașterea celorlalți.

Argument științific:
În neuropsihologie, cortexul prefrontal medial este responsabil de „autoevaluare" și „valorificare personală". Dacă nu există o validare internă a valorii, creierul compensează prin mecanisme de „dependență de aprobare externă" — care activează aceleași circuite ca și dependența de substanțe.

De ce e vital?
Pentru că fără recunoaștere de sine, darul tău devine blestem. În loc să vindece, te consumă. În loc să inspire, te izolează. Când te respecți, nu vei mai cere milă. Vei cere echitate. Iar lumea nu va avea de ales decât să se alinieze.
A se utiliza Worksheet-ul nr. 7 — Mesaj clar + limită.

1.5. Codul Comunității Vindecătoare: Cei care cred în tine sunt parte din vindecarea ta

Ce înseamnă acest cod?
Oricât de puternic ai fi, nu te vindeci singur. Vindecarea nu e o operație solitară. Este o reconfigurare a apartenenței. În copilărie, ne rănesc oameni. La maturitate, ne vindecă oameni. Un om care te privește fără judecată e uneori mai vindecător decât o mie de cărți.

Vindecarea nu vine întotdeauna din explicații. Ci din privirea cuiva care spune, fără cuvinte: „Ești în regulă. Nu ești stricat.

Cum identifici o comunitate vindecătoare?
– Nu e nevoie să explici totul. Ești înțeles.
– Nu ți se cere să demonstrezi. Ești primit.
– Nu ți se cere perfecțiune. E loc și pentru fragilitate.

Exemplu concret:
Un bărbat traumatizat nu poate să vorbească. Nu poate să plângă. Ajunge într-un grup unde se lucrează prin prezență și respirație. Timp de 3 întâlniri, nu spune un cuvânt. Nimeni nu-l forțează. La a patra întâlnire, izbucnește în lacrimi și strigă: „Acum știu că am voie!" Voia ce? Să simtă. Vindecarea începuse când ceilalți nu l-au forțat să vorbească , ci i-au ținut locul până era gata.

Argument științific:
Studiile asupra atașamentului arată că reglarea emoțională se face prin co-reglare. Adică un sistem nervos dezechilibrat are nevoie de un sistem nervos stabil ca să-și recapete funcția. În psihotraumatologie, acest lucru este cunoscut sub numele de „relație corectivă".

De ce e vital?
Pentru că dacă rămâi singur în procesul tău, riști să te blochezi în repetiție și izolare. Comunitatea nu este un bonus – este o condiție. Nu trebuie să fie mare. Pot fi doi oameni. Sau chiar unul. Dar trebuie să fie cineva care, fără să știe cum, îți ține sufletul până înveți să-l ții singur.

A se utiliza Worksheet-ul nr. 10 — Rețea de sprijin (cereri clare).

1.6. Codul Prezenței Transformatoare: Terapia nu e intervenție, ci prezență

Ce înseamnă acest cod?
Terapia profundă nu începe cu o întrebare, nici cu o tehnică. Începe cu o prezență umană care nu fuge. Sunt oameni care au fost atât de răniți, încât primul pas în vindecare nu e să fie înțeleși — ci să fie însoțiți. Prezența ta devine spațiul unde celălalt poate respira fără frică.

Prezența transformatoare este acea stare de a fi fără a interveni, fără a judeca, fără a constrânge. Ești acolo. Cu tot ce ești. Și atât.

Cum o recunoști?
– Nu simți nevoia să salvezi. Simți nevoia să rămâi.
– Nu întrebi din curiozitate. Asculți cu tot corpul.
– Nu îndrepți durerea. O ții în brațe, până se calmează.

Exemplu concret:
Un copil bolnav de cancer stă în pat, în tăcere. Terapeutul nu-i spune nimic. Se așază lângă el. Pune o mână pe piciorul lui și tace. Copilul nu scoate un cuvânt. După câteva minute, se uită și spune: „Tu nu fugi." Terapeutul: „Nu." Copilul începe să plângă. Asta a fost toată terapia. Prezența care nu fuge e cel mai puternic tratament pentru un suflet abandonat.

Argument științific:
Conform studiilor din neurobiologie interpersonală, siguranța percepută în relație activează sistemul nervos parasimpatic (responsabil cu regenerarea și vindecarea). Prezența calmă și stabilă reglează inconștient frica din sistemul nervos traumatizat al celuilalt. Nu cuvintele, ci prezența.

De ce e vital?
Pentru că în vremuri de criză, oamenii nu mai au nevoie de sfaturi. Au nevoie de martori vii. De cineva care nu încearcă să repare — ci doar să fie acolo. În tăcere. Cu compasiune. Și din acel spațiu se reconstruiește umanitatea.
A se utiliza Worksheet-ul nr. 9 — Prezență 3 minute.

1.7. Codul Iertării Absolute: Devii asemenea Divinității prin iertare

Ce înseamnă acest cod?
Iertarea absolută nu înseamnă uitare. Nici negare. Înseamnă transcendere. Înseamnă că nu te mai identifici cu rolul de victimă sau călău, ci cu ființa care a extras înțelepciune din durere. Când ierți cu adevărat, nu eliberezi doar pe celălalt — te eliberezi și pe tine de rolul în care ai fost captiv.

A ierta absolut înseamnă să recunoști că nimeni nu este doar greșeala lui. Că omul nu este definit de ceea ce a făcut în inconștiența lui, ci de ceea ce poate deveni dacă e susținut.

Cum recunoști că ai iertat?
— Nu mai cauți răzbunare. Cauți sens.
— Nu mai ai nevoia ca celălalt să sufere. Îți ajunge că tu nu mai suferi.
— Poți să privești în urmă fără să se activeze furia sau rușinea.

Exemplu concret:
Un tată și-a abandonat fiul la vârsta de 4 ani. Fiul ajunge adult și îl reîntâlnește întâmplător. Tatăl e bolnav, fără bani. Fiul are două opțiuni: să se răzbune sau să-l ajute. Alege să-i plătească spitalizarea. Tatăl începe să plângă: „Nu merit." Fiul spune: „Poate

nu. Dar eu merit să fiu liber." Iertarea nu a fost despre tată. Ci despre fiul care a ales să nu mai poarte lanțurile trecutului.

Argument științific:
Studii din domeniul psihoneuroimunologiei arată că iertarea reduce nivelul de cortizol, îmbunătățește funcția imunitară și stabilizează tensiunea arterială. Din punct de vedere psihologic, iertarea activează cortexul prefrontal ventromedial — aceeași zonă asociată cu empatia și moralitatea înaltă. Cu alte cuvinte, iertarea ne face mai umani — și mai sănătoși.

De ce e vital?
Pentru că fără iertare, suferința rămâne activă în tine ca o rană deschisă. Pentru că dacă nu ierți, îți construiești identitatea din durere, nu din libertate. Și pentru că adevărata maturitate este să te ridici deasupra durerii — nu să o perpetuezi. Iertarea absolută este primul pas către divinul din tine.
A se utiliza Worksheet-ul nr. 8 — Iertare interioară (în siguranță).

1.8. Codul Împuternicirii prin Decizie: Fiecare are propriul drum

Ce înseamnă acest cod?
Adevărata putere personală nu se activează prin forță sau idealuri — ci prin decizie. Nu prin visare, ci prin asumare. Sunt oameni care citesc despre schimbare ani la rând, dar nu se mișcă din loc. De ce? Pentru că nu au decis. Nu au zis, clar: „Până aici. Acum aleg." Când decizi, creezi realitate. Nu așteptând. Nu analizând. Ci hotărând din miezul tău ce nu mai tolerezi și ce vrei să construiești.

Cum recunoști o decizie reală?
– Nu are neapărat logică pentru alții, dar are coerență pentru tine.
– Nu vine cu îndoieli. Vine cu certitudinea că nu te mai poți întoarce.
– Nu are nevoie de aplauze. Are nevoie de acțiune.

Exemplu concret:
Un bărbat dependent de alcool merge la terapie timp de 2 ani. Înțelege tot. Vorbește impecabil despre traumele lui. Dar nu se oprește din băut. Într-o noapte, își vede fiul mic ascunzându-i sticla. Și ceva se rupe în el. A doua zi, se trezește și spune: „Gata." Nu pentru terapeut. Nu pentru familie. Pentru el. Din acel moment nu mai atinge alcoolul. A fost o decizie — nu o explicație.

Argument științific:
Creierul uman, în special sistemul executiv din cortexul prefrontal, se activează diferit în fața deciziilor asumate față de simple intenții. Studiile arată că decizia conștientă stabilește noi circuite neuronale și inhibă vechiul comportament automat. Practic, decizia clară rescrie rețeaua neuronală— în timp ce ezitarea o menține.

De ce e vital?
Pentru că fără decizie, rămâi captiv într-un „mâine" care nu vine niciodată. Pentru că doar tu poți ști ce drum e al tău — și doar tu îl poți începe. Și pentru că, uneori, singurul mod de a-ți lua puterea înapoi este să alegi. Fără scuze. Fără permisiune. Fără amânare.

1.9. Codul Oglindirii: Nu l-ai vindecat tu pe celălalt. Te-a vindecat el pe tine

Ce înseamnă acest cod?
Fiecare relație profundă, fiecare act de ajutorare, fiecare proces terapeutic este — în esență — o oglindă. Când ajuți pe cineva, nu faci doar un bine. Te revezi în el. Iar ceea ce vezi, vindeci și în tine. Este iluzoriu să crezi că ești doar cel care oferă. De fapt, *primești înapoi propria ta lecție* — într-o altă formă.

Oglindirea nu înseamnă proiecție. Înseamnă recunoaștere. Ce recunoști în celălalt e ceea ce ai în tine: fie vindecat, fie rănit.

Cum recunoști această oglindire?
– Când te emoționează lupta cuiva, pentru că e și a ta.
– Când simți că „îți pasă prea mult" — de fapt, e o rană nerezolvată.
– Când te enervează un comportament – e ceva ce nu accepți nici la tine.

Exemplu concret:
Un terapeut lucrează cu o femeie care a fost respinsă toată viața. De fiecare dată când ea povestește, lui i se strânge stomacul. Într-o zi, își dă seama că propria lui mamă nu l-a ținut niciodată în brațe. În acea clipă, nu doar clienta se vindecă. Ci și el. Terapia devine dublă. Vindecătorul devine om. Iar vindecarea devine umană.

Argument științific:
Studiile despre „rezonanța limbică" arată că, în relații profunde, creierele noastre se sincronizează. Când cineva trece printr-o emoție puternică, neuronii oglindă din creierul nostru se activează ca și cum trăim aceeași emoție. Acest fenomen explică de ce vindecarea altuia ne mișcă – și ne influențează inconștient propria vindecare.

De ce e vital?

Pentru că nu suntem entități separate. Suntem oglinzi vii. Ceea ce vindeci în celălalt îți arată ce mai ai de iertat, de înțeles, de acceptat în tine. Și când ajungi să vezi asta, nu mai ajuți ca să te simți superior. Ajuți ca să te reîntorci la tine — mai întreg.

1.10. Codul Trecutului Alchimic:
Trauma este începutul unei transfigurări, nu sfârșitul

Ce înseamnă acest cod?

Trauma nu este un capăt de drum. Este începutul unei transmutări. Ca în alchimie, unde plumbul devine aur, suferința devine materie primă pentru conștiință. Ce ai trăit nu te definește prin rană, ci prin potențialul de transformare pe care îl activează. Nu ești suma rănilor tale. Ești ceea ce alegi să devii din ele. Când îți alchimizezi trecutul, nu-l mai porți ca povară. Îl porți ca pe o sabie ascuțită în focul propriei deveniri.

Cum recunoști că ai început transfigurarea?
– Nu mai fugi de trecutul tău. Îl folosești.
– Nu mai eviți rana. O transformi în instrument de învățare.
– Nu te mai rușinezi cu cine ai fost. Îl îmbrățișezi și îl depășești.

Exemplu concret:

Un adolescent care a fost abuzat devine adult și simte că nu poate avea relații. Se izolează. Dar într-o zi, decide să povestească ce i s-a întâmplat — nu ca victimă, ci ca om care a înțeles. Face un podcast. Primește sute de mesaje: „Și eu am trecut prin asta."
În acel moment, trauma devine punte, nu zid. Ceva s-a transfigurat. Din rușine s-a născut curaj. Din durere — misiune

Argument științific:

Epigenetica arată că traumele pot modifica expresia genetică — dar și că alegerile conștiente pot reactiva gene latente de reziliență și vindecare. Psihologic, această transformare e cunoscută ca „post-traumatic growth": procesul prin care oamenii nu doar se refac după traumă — ci devin mai conștienți, mai profunzi, mai vii.

De ce e vital?

Pentru că dacă vezi trauma doar ca un accident, rămâi în poziția de victimă. Dar dacă o vezi ca pe o inițiere, începi să extragi pu-tere din ea. Iar lumea nu se va schimba cu oameni neatinși de suferință — ci cu oameni care și-au ars durerea până a devenit lumină.

2. Coduri de reprogramare transgenerațională – Stil Triboi Iulian

2.11. Pot respecta rădăcinile mele fără să port suferințele lor

Ce înseamnă acest cod?

A respecta rădăcinile nu înseamnă să preiei automat durerea, traumele sau convingerile părinților și bunicilor tăi. Înseamnă să le onorezi trecutul fără să te confunzi cu el. E ca atunci când te uiți la un copac vechi: îi recunoști rădăcinile, dar știi că frunza e nouă. Tu ești frunza. Nu ești povestea rădăcinii.

Poți să fii recunoscător pentru ce ai primit — fără să porți ce nu a fost vindecat.

Cum recunoști că porți suferințele altora?

– Te simți vinovat când te simți bine.
– Ai reflexul de a repeta aceleași greșeli „ca mama", „ca tata".
– Simți că dacă tu ești fericit, îi trădezi pe cei care au suferit.

Exemplu concret:
O femeie crește cu o mamă care a fost abuzată toată viața. Când ea intră într-o relație sănătoasă, simte că nu merită. Începe inconștient să provoace conflicte. De ce? Pentru că, adânc în ea, există o loialitate: „Dacă mama n-a avut parte de iubire, nici eu nu pot avea." Când își dă seama de acest mecanism, îl rupe: nu prin respingerea mamei, ci prin recunoaștere. O cinstește — și alege altceva.

Argument științific:
Terapia sistemică de familie arată că există loialități invizibile transmise inconștient de la o generație la alta. Acestea se manifestă prin identificări simbolice („trebuie să sufăr ca tata", „nu pot depăși ce a reușit bunicul") și pot duce la auto-sabotaj sau depresie. Reprogramarea începe atunci când individul devine conștient de aceste legături și alege un nou traseu identitar.

De ce e vital?
Pentru că altfel trăiești viața altora, nu pe a ta. Pentru că suferința moștenită nu se oprește până nu e transformată. Și pentru că singura cale de a onora trecutul e să nu-l repeți — ci să-l vindeci prin ceea ce devii.

2.12. Aleg să transform durerea moștenită în compasiune, nu în replică inconștientă

Ce înseamnă acest cod?
Durerea moștenită este reală. O porți uneori fără să știi de unde vine. E durerea bunicii care a crescut 7 copii în război, e rușinea tatălui care nu a fost văzut niciodată. Dar faptul că o porți nu te obligă să o transmiți mai departe. Alegerea ta este: să o duci în inconștiență — sau să o transformi în sursă de înțelepciune și

compasiune. Compasiunea apare atunci când înțelegi ce au trăit ai tăi — fără să devii ce au trăit ei.

Cum recunoști că repeți în loc să transformi?
– Te enervezi pe copilul tău cu aceleași replici pe care le-ai auzit în copilărie.
– Îți respingi părinții, dar îți copiezi reflexele.
– Nu poți empatiza cu suferința altuia pentru că ești blocat în propria luptă nevindecată.

Exemplu concret:
Un bărbat se jură că nu va fi autoritar ca tatăl lui. Dar când fiul greșește, reacționează impulsiv: strigă, amenință, apoi regretă. Când înțelege că reacția nu vine din prezent, ci dintr-un cod interior moștenit, își ia un moment. Îi spune fiului: „Și eu am fost speriat când eram mic. Nu vreau să trăiești ce am trăit eu." În acel moment, durerea devine punte — nu replică.

Argument științific:
Psihogenealogia arată că multe comportamente se transmit prin ceea ce se numește identificare inconștientă compensatorie: copilul adoptă un rol sau un model pentru a „compensa" trauma trăită de părinți. Atunci când alegem conștient să răspundem diferit, cortexul prefrontal intervine pentru a dezactiva traseele automate din creierul emoțional(amigdala), și se creează o nouă cale neuronală.

De ce e vital?
Pentru că altfel trăiești o viață repetată, nu creată. Pentru că durerea neprocesată devine program. Și pentru că singura cale prin care se oprește lanțul transgenerațional este să spui: „Eu aleg altceva. Eu simt. Eu văd. Eu vindec."

2.13. Apartenența conștientă este o alegere, nu o pedeapsă biologică

Avertisment de conținut: urmează descrieri de traumă/violență.

Ce înseamnă acest cod?

Faptul că te-ai născut într-o familie, o cultură sau un neam nu înseamnă că trebuie să rămâi blocat în ceea ce ei au suferit sau au crezut. Aparții acolo unde poți fi tu, nu acolo unde trebuie să te micșorezi ca să fii acceptat.

Aparținem genetic unei linii. Dar apartenența conștientă este un act de alegere: aleg să onorez ce e viu în acea linie — nu ce e toxic.

Cum recunoști că ai făcut alegerea conștientă?
– Poți spune „nu" fără să te simți vinovat.
– Îți iubești familia — dar nu îi lași să îți dicteze viața.
– Alegi oamenii care te hrănesc emoțional, nu doar pe cei „din sânge".

Exemplu concret:

Un tânăr dintr-o familie tradițională vrea să fie artist. Familia îi spune că „arta e o pierdere de timp" și îl presează să devină avocat. Timp de ani de zile se simte rupt între dorință și datorie. Într-o zi, își spune: „Îi iubesc. Dar viața mea nu e datoria lor." Alege să picteze. Devine stabil emoțional. Când se întoarce la ei, nu mai cere aprobare. Oferă prezență. Și atunci apare adevărata apartenență.

Argument științific:

Conform teoriei atașamentului și modelelor de dezvoltare identitară, apartenența sănătoasă implică diferențiere emoțională: capacitatea de a rămâne conectat fără a te dizolva în celălalt. Studiile arată că persoanele cu apartenență conștientă au un risc mult mai mic de tulburări depresive și anxioase decât cele blocate în loialități impuse.

De ce e vital?
Pentru că dacă nu-ți alegi conștient apartenența, ți se va impune una care nu e a ta. Vei trăi într-un rol scris de alții. Și pentru că lumea nouă nu are nevoie de obediență — are nevoie de oameni care știu cine sunt și unde le este locul real.

2.14. A te elibera de moștenirea dureroasă înseamnă să-ți asumi libertatea de a alege altceva decât durerea

Ce înseamnă acest cod?
Să te eliberezi de moștenirea dureroasă nu înseamnă să o negi. Înseamnă să o privești în față și să spui: „Asta nu-mi mai guvernează viața." Nu alegi durerea ca răzbunare, loialitate sau replică. Alegi altceva: bucurie, liniște, creație.

A te elibera nu este o trădare. Este un act de onoare: spui suferinței „mulțumesc" — și apoi îi spui „ajunge".

Cum știi că ai început acest proces?
– Nu mai reacționezi compulsiv în aceleași tipare.
– Nu mai cauți durerea ca dovadă de apartenență.
– Începi să creezi lucruri care nu existau în familia ta: pace, blândețe, cooperare.

Exemplu concret:
Un tânăr crește cu o mamă depresivă și un tată alcoolic. Familia lui trăiește în tensiune și neîncredere. În adolescență, și el devine conflictual și anxios. Într-o zi, în terapie, spune: „Dacă nu mă simt rău, simt că nu sunt din familia mea." Aceasta e loialitatea inconștientă. Când înțelege că poate să-și păstreze iubirea pentru ai lui — fără să repete povestea — încep să apară alegeri noi: sport, prietenie, liniște. Asta e eliberarea.

Argument științific:

Terapia traumei transgeneraționale arată că vindecarea nu vine prin respingerea strămoșilor, ci prin separarea simbolică între ce aparține trecutului și ce aparține prezentului tău conștient. Neuroplasticitatea susține că alegerea conștientă repetată în favoarea unui alt tip de reacție reconfigurează rețelele neuronale implicate în reflexul de „durere familiară".

De ce e vital?

Pentru că durerea moștenită devine destin doar dacă o lași. Pentru că e libertatea ta — nu trauma lor — cea care decide ce fel de viitor creezi. Și pentru că nu trebuie să suferi ca să fii loial. E suficient să fii viu — și întreg.

A se utiliza Worksheet-ul nr. 8 — Iertare interioară (în siguranță) si nr.12 – Moștenirea dureroasă (hartă).

2.15. Ceea ce nu am integrat, ne va conduce. Ceea ce respingem, trăim ca lecție

Ce înseamnă acest cod?

Tot ce ai trăit, dar n-ai înțeles, rămâne activ în subconștient. Tot ce respingi, negi sau încerci să îngropi se va manifesta în viața ta — fie ca durere, fie ca blocaj, fie ca repetiție. *Integrarea este opusul uitării. Este actul de a include cu sens ceea ce altădată te-a rănit.*

Dacă nu îți integrezi propria umbră, ea devine destin. Dacă nu îți accepți rana, vei căuta oameni care să ți-o reactiveze.

Cum recunoști ce n-ai integrat?

– Te enervează comportamente care seamănă cu ale tale, dar pe care le negi.

– Ești mereu pus în fața acelorași tipuri de oameni sau situații.

– Ai reacții exagerate în contexte banale — pentru că ele ating o rană veche nerezolvată.

Exemplu concret:
O femeie respinge tot ce înseamnă autoritate masculină. Spune că e liberă, dar intră în relații unde, constant, e dominată. Într-o sesiune profundă își amintește de figura unui tată autoritar și umilitor. Își dă seama că, de fapt, a fugit toată viața de modelul lui — dar l-a căutat inconștient în fiecare partener. Abia când începe să integreze furia, rușinea și neputința, atrage un bărbat cu care poate fi egală.

Argument științific:
Psihologia jungiană susține că *ceea ce este refulat în inconștient se exprimă în mod proiectiv* în viața noastră exterioară. Din perspectivă neurobiologică, amintirile emoționale nerezolvate sunt stocate în amigdala cerebrală și continuă să genereze reacții automate până sunt aduse în zona conștientă (cortex prefrontal) pentru procesare și integrare.

De ce e vital?
Pentru că altfel, viața ta devine o scenă pe care se joacă din nou și din nou același scenariu. Pentru că lecția neînvățată nu dispare — devine un obstacol recurent. Iar integrarea nu înseamnă „să-ți placă ce ți s-a întâmplat". Înseamnă *să folosești ceea ce ți s-a întâmplat pentru a deveni cine ești cu adevărat.*

A se utiliza Worksheet-ul nr.13 — Partea negată (rol sănătos mic) si nr.16 – Jurnal gânduri.

3. Coduri sociale și culturale ascunse – Stil Triboi Iulian

3.16. „Suferința te face om" – mit cultural transmis inconștient

Ce înseamnă acest cod?
Ni s-a spus, direct sau subtil, că dacă nu ai suferit, nu ești om adevărat. Că durerea e dovada umanității, iar cine e bine e superficial sau norocos. Acest mit a fost transmis prin proverbe, religie, literatură, educație și exemple de viață: eroii adevărați trebuie să sufere. Dar adevărul este că suferința te face om doar dacă o transformi. Altfel, te face reactiv, agresiv sau resemnat. Nu suferința te definește, ci ce faci cu ea.

Cum îți dai seama că trăiești acest mit?
– Simți vinovăție când îți merge bine, pentru că „nu e corect".
– Cauți inconștient situații dureroase — ca să fii „real".
– Respingi bucuria sau simplitatea, considerându-le „slabe" sau „false".

Exemplu concret:
O femeie care a crescut într-o familie săracă și dură, ajunge la stabilitate. Dar simte constant că „nu merită". Se sabotează, se suprasolicită, se implică în relații toxice. Când conștientizează că a învățat: „ca să contezi, trebuie să suferi", începe să își permită să fie bine. Nu superficial — ci profund și conștient. În acel moment, umanitatea ei nu se mai măsoară în cât a suferit, ci în cât poate iubi.

Argument științific:
Conform teoriei învățării sociale (Bandura), comportamentele, credințele și normele sunt învățate prin observație și modelare. Dacă modelele sociale asociază valoarea cu sacrificiul și suferința, individul interiorizează acest cod ca fiind „normal" sau „moral".

Aceasta activează circuite de auto-pedeapsă și auto-sabotaj, observabile în psihologia depresiei.

De ce e vital să demontăm acest cod?
Pentru că bucuria nu este superficială — este combustibil pentru viață. Pentru că umanitatea nu se dovedește prin suferință, ci prin capacitatea de a rămâne viu și conștient după ea. Și pentru că a fi om înseamnă să simți — nu să suferi ca să exiști.

3.17. „Taci și înghite", „Toți suferim" – coduri de inhibare emoțională

Ce înseamnă acest cod?
Aceste expresii aparent banale — „taci și înghite", „lasă, că toți suferim" — sunt, de fapt, comenzi culturale care închid gura sufletului. Ele nu încurajează curajul, ci suprimarea. În loc să spunem ce simțim, învățăm să ne înghițim lacrimile, revolta, nevoile și durerea.

Aceste coduri nu ne învață demnitatea. Ne învață frica de vulnerabilitate. Și transformă omul într-un recipient închis — plin de emoții toxice neexprimate.

Cum știi că ai fost programat cu aceste coduri?
– Îți e rușine să plângi sau să arăți slăbiciune.
– Te simți incomod când altcineva se deschide emoțional.
– Ai fost lăudat pentru „forța ta" doar când ai tăcut în fața durerii.

Exemplu concret:
Un adolescent își pierde bunicul, dar părinții îi spun: „Fii tare, nu mai plânge, el e într-un loc mai bun." Băiatul tace. Ani mai târziu, devine adult și nu poate exprima nicio emoție în relații. Când

iubita îi spune că are nevoie să-l simtă prezent emoțional, el răspunde: „Așa sunt eu." Dar nu este așa. Este doar ceea ce i s-a permis să devină: un om care a învățat că emoția este pericol, nu eliberare.

Argument științific:

Inhibarea emoțională cronică este asociată cu creșterea activității amigdalei (centrul fricii) și cu reducerea activării cortexului prefrontal (centrul reflecției și al expresiei emoționale sănătoase). Această suprimare constantă duce la tulburări de anxietate, depresie și boli autoimune. Expresia emoțională reglează sistemul nervos; suprimarea îl destabilizează.

De ce e vital să dizolvăm aceste coduri?

Pentru că omul nu e creat să tacă în fața durerii — ci să o exprime, să o înțeleagă și să o vindece. Pentru că dacă nu spunem ce simțim, trăim ceea ce nu putem spune. Și pentru că vindecarea începe exact acolo unde ai fost învățat să taci.

3.18. Suferința a devenit un statut de apartenență: nu ești acceptat dacă nu ai suferit

Ce înseamnă acest cod?

În multe familii, comunități sau grupuri, suferința nu mai este doar o întâmplare — ci o condiție de apartenență. Dacă nu ai trecut prin tragedii, dacă nu ți-ai dus „crucea", ceilalți simt că nu ești „de-ai lor". Devine o rușine să fii bine. Devine suspect să fii fericit. În loc să fie un loc al sprijinului, suferința comună devine pașaportul nevăzut care îți dă voie să aparții.

Cum se manifestă acest cod?

— Oamenii se apropie doar dacă „au suferit și ei".

– Îți simți bucuria stingheră când o împărtășești cu cei care trăiesc în dramă.
– Ai senzația că, dacă îți este bine, vei fi exclus sau judecat.

Exemplu concret:
O tânără reușește să se vindece de o traumă majoră și își reconstruiește viața. Se duce la o întâlnire cu rudele. Zâmbește, vorbește senin. Reacțiile? „Ai uitat de unde ai plecat?", „Pe tine nu te mai atinge nimic?" Adevărul? Pe ea o atinge tot. Dar a decis să nu mai trăiască în suferință ca să fie acceptată. În acel moment, pierde o formă de apartenență, dar câștigă libertate.

Argument științific:
Conform psihologiei sociale, grupurile se bazează pe norme de coeziune. Dacă norma devine „suntem uniți prin suferință", atunci orice membru care iese din tipar e perceput ca o amenințare la identitatea grupului. Aceasta creează ceea ce se numește presiune de conformare negativă – mecanismul prin care individul renunță la vindecare ca să nu fie respins.

De ce e vital să demontăm acest cod?
Pentru că apartenența reală nu cere suferință – ci prezență autentică. Pentru că a fi bine nu este o trădare, ci un semn că vindecarea e posibilă. Și pentru că acceptarea nu trebuie plătită cu durere — ci câștigată prin adevăr.

3.19. Trauma repetată e dovada loialității inconștiente față de părinți sau sistem

Ce înseamnă acest cod?
O parte din noi vrea vindecare. Dar o altă parte — profundă și tăcută — simte că dacă ne vindecăm, trădăm pe cei care nu s-au

vindecat. E loialitatea tăcută față de mama care a răbdat, de tata care a eșuat, de bunica care a suferit în tăcere. Fără să știm, ne reîntoarcem în aceleași traume — ca și cum am spune: „Vă văd. Sunt cu voi."

Dar aceasta nu e iubire. E prizonierat emoțional.

Cum recunoști această loialitate?

– Faci alegeri dureroase care seamănă cu ale părinților.

– Te simți vinovat când te simți bine, pentru că „ei n-au putut".

– Repetiții inconștiente: aceiași parteneri toxici, aceleași blocaje, aceleași eșecuri.

Exemplu concret:

Un tânăr are toate șansele de reușită, dar sabotează constant joburi, relații și oportunități. Într-o sesiune de terapie, spune: „Tata a muncit 40 de ani și n-a reușit. Cine sunt eu să o fac după 5?" Acesta este momentul adevărului. Nu e frica de succes — e loialitate față de eșecul tatălui. Abia când vede asta, își dă voie să aleagă alt drum.

Argument științific:

În terapia sistemică și constelațiile familiale, acest fenomen este cunoscut ca identificare inconștientă compensatorie. Copiii preiau poverile emoționale ale părinților în încercarea de a-i „repara" sau a le rămâne fideli. La nivel neurobiologic, repetiția traumei activează circuite familiare din sistemul limbic, ceea ce face ca trauma cunoscută să fie percepută paradoxal ca „sigură".

De ce e vital să dizolvăm acest cod?

Pentru că iubirea adevărată nu repetă trauma. O oprește. Pentru că nu poți salva pe nimeni imitând suferința lor. Și pentru că cel mai mare dar pe care îl poți face părinților tăi este să devii liber acolo unde ei au fost blocați.

A se utiliza Worksheet-ul nr. 14 — Renegocierea jurămintelor si nr.16 – jurnal

3.20. „Nu e nevoie să suferi ca să fii iubit. E nevoie să fii tu." (Cod inversator)

Avertisment de conținut: urmează descrieri de traumă/violență.

Ce înseamnă acest cod?

Ni s-a întipărit adânc ideea că iubirea vine după sacrificiu. Că trebuie să dovedești, să rabzi, să te pierzi pe tine ca să meriți dragostea altcuiva. E un cod cultural fals, dureros și extrem de răspândit.

Adevărul este: *nu trebuie să suferi ca să fii iubit. Trebuie să fii real.*

Când ești tu, complet, nefiltrat, autentic — atragi iubirea care te recunoaște. Când suferi ca să fii iubit — atragi doar oameni care iubesc suferința, nu pe tine.

Cum îți dai seama că funcționezi pe acest cod vechi?

– Rămâi în relații dureroase, sperând că sacrificiul tău va fi răsplătit.

– Îți reprimi nevoile ca să nu „deranjezi" sau „pierzi" pe cineva.

– Simți că dacă nu faci eforturi imense, nu meriți iubire.

Exemplu concret:

O femeie se dăruiește total într-o relație. Face totul pentru partener. Se epuizează. Nu primește înapoi nici empatie, nici sprijin. Când decide să pună o limită și să spună: „Asta e prea mult pentru mine", partenerul o acuză că s-a schimbat. Dar de fapt, *abia acum e ea.* Iubirea adevărată nu s-a pierdut. Doar iluzia iubirii condiționate a fost expusă.

Argument științific:
Studiile despre atașamentul sigur arată că indivizii care își exprimă autentic nevoile emoționale și stabilesc limite clare atrag relații mai stabile, empatice și sănătoase. Când suferința este confundată cu iubirea, se activează traume vechi care generează relații de co-dependență, nu de comuniune.

De ce e vital să activăm acest cod inversator?
Pentru că prea mulți oameni cred că dacă nu suferi, nu meriți. Și pentru că iubirea autentică nu cere sânge, sacrificii sau tăcere. Ci *adevăr, prezență și alegere. Iar asta începe când alegi să fii tu — fără scuze.*

A se utiliza Worksheet-ul nr.15 — Reîncadrare , nr.16 – Jurnal, nr.17 - Activare comportamentală (7 zile), si nr.19 - Experimente comportamentale (testez ipoteze)

4. Coduri de decizie și reconstrucție personală – Stil Triboi Iulian

4.21. Exercițiul nu vindecă. Decizia o face.

Ce înseamnă acest cod?
Poți face sute de meditații, zeci de afirmații, ritualuri și exerciții. Dacă nu ai luat decizia clară că nu mai vrei să trăiești în suferință, corpul tău le va face mecanic. Exercițiile sunt utile, dar vindecarea apare când spui: „Ajunge. Aleg altceva." Decizia este momentul interior în care nu mai negociezi cu trauma ta. În care nu mai ceri voie să fii bine. În care îți reiei autoritatea asupra propriei vieți.

Cum recunoști o decizie reală?
– Nu mai ai nevoie de aprobarea altora ca să o menții.
– Apare un tip nou de energie: clară, concentrată, calmă.
– Nu te mai întrebi „oare am făcut bine?" – pentru că știi.

Exemplu concret:
Un om merge la terapie de ani de zile. Citește, învață, meditează. Dar continuă aceleași relații toxice. Într-o zi, își vede fiica spunând: „Mami, tu plângi tot timpul." Atunci, omul se ridică și zice: „Asta nu e ce vreau să transmit." Nu mai merge la terapie ca să se plângă. Merge ca să decidă. Și din acel moment, toate exercițiile încep să funcționeze — pentru că au fost activate de alegere.

Argument științific:
Creierul se schimbă nu prin repetiție goală, ci prin intenție clară. Cortexul prefrontal medial este zona responsabilă de asumarea direcției conștiente. Fără o decizie fermă, exercițiile devin simple automatisme — și sunt procesate de sistemul implicit (habituare), nu de cel conștient (transformare).

De ce e vital?
Pentru că prea mulți oameni se agață de metode fără să ia hotărâri. Se ascund după practici ca să evite decizii. Dar decizia este ușa. Exercițiul doar o menține deschisă. Dacă nu alegi, te rotești în cerc. Dacă alegi, începi să urci. Și urcușul tău devine deja vindecare.
A se utiliza Worksheet-ul nr. 3 — **Decizia clară (protocol 24h)**.

4.22. Vindecarea începe când oprești fuga, nu când găsești metoda

Ce înseamnă acest cod?

Cei mai mulți oameni nu caută vindecare. Caută o fugă mai rafinată. Încep un nou curs, o terapie, o metodă — dar în spate, tot fuga stă: fuga de tăcere, de singurătate, de durere, de adevăr. Nu metoda vindecă — ci momentul în care alegi să nu mai fugi. Metoda e importantă. Dar fără oprire, ea devine altă mască. Altă evitare.

Cum recunoști că ai fugit în metode?
– Schimbi constant tehnici, dar rana e aceeași.
– Te simți neliniștit când ești singur cu tine.
– Cunoști tot despre dezvoltare personală, dar viața ta nu s-a schimbat în esență.

Exemplu concret:
O femeie a încercat peste 12 tipuri de terapii. Știa limbajul, tehnica, mecanismele. Dar se simțea goală. Într-o zi, în loc să se mai înscrie la un atelier, s-a dus în pădure, s-a așezat pe o buturugă și a stat. Trei ore. A plâns. A simțit. A strigat. N-a fugit nicăieri. În acea tăcere brutală — a început vindecarea.

Argument științific:
Terapia traumei arată că sistemul nervos nu se reglează prin stimul constant, ci prin integrare și siguranță internă. Când persoana nu mai fuge, sistemul parasimpatic (răspunzător de regenerare) se activează. De asemenea, cortexul prefrontal devine capabil să reconecteze fragmentele disociate ale experienței emoționale.

De ce e vital?
Pentru că fuga, oricât de spirituală sau educată ar părea, tot o evitare rămâne. Pentru că nu ajungi acasă alergând în cerc. Și pentru că adevărata terapie începe în clipa în care spui: „Nu mă mai ascund. Sunt aici. Cu mine." De acolo se reface harta ființei.

A se utiliza Worksheet-ul nr. 4 — Micro-expuneri (72h). si nr.18 – Ierarhie de expunere

4.23. Alegerea conștientă este scânteia: „Nu știu tot, dar aleg să nu mă mai neg."

Ce înseamnă acest cod?
Nu trebuie să ai toate răspunsurile ca să începi. Nu trebuie să fii sigur de tot ca să spui: „Aleg să nu mai fiu orb la adevărul meu." Alegerea conștientă este momentul zero al transformării. Nu când știi tot — ci când nu te mai minți. E scânteia care aprinde procesul. Și uneori, e suficientă doar această propoziție: „Aleg să nu mă mai neg."

Cum recunoști acest moment?
– Încetezi să mai găsești scuze pentru starea ta.
– Simți o liniște ciudată, amestecată cu forță: „Am înțeles."
– Nu mai vrei să convingi pe nimeni. Ai ales tu, pentru tine.

Exemplu concret:
Un bărbat spune toată viața că „nu e spiritual". Respinge tot ce ține de introspecție. Într-o zi, în fața unui conflict personal major, se prăbușește emoțional. Nu știe exact ce vrea, dar recunoaște: „Neg tot ce simt." Din acel moment, începe să caute — nu metode, ci adevăr. Și viața lui se reașază. Nu prin rețete, ci prin alegerea de a nu se mai sabota.

Argument științific:
Psihoterapia integrativă arată că momentul conștientizării și alegerii activează rețele neuronale corticale responsabile de autoreflecție și schimbare de paradigmă. Din punct de vedere

neurocognitiv, acesta este „punctul de inflexiune" în procesul de reconstrucție identitară.

De ce e vital?
Pentru că fără alegere conștientă, trăiești în reflex. În mecanisme. În negare. Dar cu un simplu „Aleg să văd. Aleg să simt. Aleg să fiu aici." — totul începe să se transforme. Scânteia nu trebuie să lumineze tot drumul. Trebuie doar să ardă clar în tine.

A se utiliza Worksheet-ul nr.5 – Alegerea conștientă, WS16 – Jurnal gânduri, WS17 – Activare comportamentală, WS19 – Experimente.

4.24. Întrebarea care schimbă totul: „Ce aleg să nu mai tolerez?" în loc de „Ce îmi lipsește?"

Ce înseamnă acest cod?
Cei mai mulți oameni se întreabă zilnic: „Ce-mi lipsește?", „De ce nu sunt bine?" — și rămân blocați în deficit, în lipsă, în comparație. Dar întrebarea cu adevărat transformatoare este alta:
„Ce aleg să nu mai tolerez?"
Pentru că atunci când alegi să nu mai tolerezi ceva — corpul, viața și deciziile tale încep să se alinieze cu noul adevăr.

Cum recunoști că ai activat această întrebare?
– Nu mai justifici relațiile sau situațiile care te consumă.
– Nu te mai întrebi „oare e prea mult să cer?" — ci „de ce am acceptat atât de puțin?"
– Nu mai stai la masă cu suferința, chiar dacă ai fost invitat politicos.

Exemplu concret:
Un bărbat acceptă de ani de zile un job care îl frustrează. Se

simte blocat, dar spune: „Am ratat."Într-o zi, după o criză de panică, nu se mai întreabă ce îi lipsește.Se întreabă: „De ce tolerez frica în locul demnității?"În acel moment, începe să caute soluții reale. Nu perfecțiune. Ci ieșirea din toleranță toxică.

Argument științific:
Toleranța psihologică susținută pentru stimuli nocivi activează rețele de stres cronic în sistemul nervos autonom.În schimb, schimbarea întrebării reactivează zona de decizie conștientă (cortexul prefrontal) și reduce activarea centrilor de amenințare (amigdala), oferind spațiu pentru acțiune creativă și autoreglare.

De ce e vital?
Pentru că dacă tot ce vezi e ce îți lipsește, te simți slab.Dar dacă alegi ce **nu** mai accepți, te simți viu. Puternic. Prezent.Și pentru că viața nu se reconstruiește doar cu dorințe — ci cu limite clare, puse acolo unde ți s-a cerut să taci.
Acolo începe reconstrucția.
A se utiliza Worksheet-ul nr.6 – „Ce aleg să nu mai tolerez?" + WS16 / WS19.

4.25. Când te gândești la ce e bun – te simți bine. Cine hotărăște? Tu.

Ce înseamnă acest cod?
Nu ceea ce ți se întâmplă îți determină starea — ci ceea ce **îți spui** despre ce ți se întâmplă. Mintea umană are o abilitate extraordinară: acolo unde se duce atenția, se duce și emoția.
-Dacă te concentrezi pe lipsă, te simți secătuit.
- Dacă te concentrezi pe ce funcționează, pe ce e viu, pe ce te hrănește — **îți schimbi chimia interioară.**
Nu e pozitivism forțat. E o alegere de igienă mentală.

Cum recunoști puterea acestui cod?

– Când alegi conștient să cauți ce funcționează, nu doar ce lipsește.

– Când îți observi gândurile și le schimbi intenționat.

– Când simți că binele din viața ta nu vine „din noroc" — ci din direcția atenției tale.

Exemplu concret:

O femeie trece printr-o despărțire. Automat, mintea îi oferă amintiri dureroase, regrete, frică. Dar, într-o dimineață, decide altceva: ia o foaie și scrie tot ce a învățat, tot ce a primit, tot ce a devenit. Nu neagă durerea — dar o pune în context. După 10 minute, starea se schimbă. Nu pentru că realitatea s-a schimbat. Ci pentru că a ales să **vadă ce e viu**, nu doar ce e pierdut.

Argument științific:

În neuroștiință, se numește **restructurare cognitivă**.

Schimbarea focusului activează rețele neuronale diferite și influențează direct nivelurile de dopamină și serotonină. Gândurile repetitive negative mențin creierul în stare de stres; gândurile direcționate conștient spre resurse (recunoștință, apreciere, sens) activează cortexul prefrontal și reduc hiperactivitatea amigdalei.

De ce e vital?

Pentru că lumea e aceeași, dar **filtrul tău o schimbă complet**. Pentru că nu ești condamnat la gânduri automate. Și pentru că atunci când alegi să vezi ce e bun — **te reconectezi la viață.** Iar viața răspunde. Nu prin magie. Ci prin **rezonanță.**

5. Coduri terapeutice reale – Stil Triboi Iulian

5.26. Boala psihosomatică este mesajul corpului când sufletul nu mai este ascultat

Ce înseamnă acest cod?
Corpul nu ne trădează niciodată. El doar vorbește — atunci când nu mai are altă cale. Când nu-ți mai asculți nevoile, când te abandonezi, când negi ce simți, când fugi de adevărul tău — corpul devine mesagerul ultim. Boala psihosomatică nu e slăbiciune. E un strigăt. E un semnal. Nu este „doar în capul tău". E în tot sistemul tău nervos, hormonal, imunitar — afectate de ceea ce refuzi să simți sau să exprimi.

Cum recunoști că boala e un mesaj sufletesc?
– Corpul doare „fără motiv" sau „după ani de tăcere".
– Tratamentul nu funcționează până nu conștientizezi o rană emoțională.
– Simptomele se reactivează când retrăiești o stare nerezolvată.

Exemplu concret:
O femeie are dureri cronice de spate de peste 5 ani. Analizele sunt normale. Medicii spun: „Stres." Într-o ședință profundă, își amintește că în copilărie purta responsabilitatea pentru toată familia. Spunea mereu: „Mă doare spatele de atâta greutate." Când începe să-și recunoască nevoia de sprijin și să ceară ajutor, durerea începe să scadă. Nu e magie. E biologie care se aliniază cu adevărul.

Argument științific:
Psihoneuroimunologia demonstrează că traumele emoționale cronice afectează axa HPA (hipotalamus–hipofiză–suprarenale), dereglând sistemul nervos autonom și imunitar. Stresul emoțional nerezolvat este implicat în numeroase afecțiuni cronice: boli autoimune, sindrom de colon iritabil, fibromialgie, migrene etc.

Boala este, adesea, expresia ultimă a unei suferințe sufletești neprocesate.

De ce e vital?

Pentru că a trata doar corpul fără a trata și sufletul înseamnă a tăcea exact acolo unde e nevoie de glas. Pentru că vindecarea reală implică întregul: emoție, gând, relație, trup. Și pentru că fiecare simptom are o poveste. Iar povestea nu vrea să doară — ci să fie auzită.

5.27. Un copil își preferă suferința sau chiar amputarea dacă asta atrage iubirea unui părinte

Ce înseamnă acest cod?

Copilul nu alege rațional. El alege cu tot sufletul lui: iubirea sau nimicul. Dacă pentru a fi văzut de mamă trebuie să fie bolnav, atunci își va transforma durerea în instrument de supraviețuire. Nu pentru că vrea suferința — ci pentru că a învățat că doar suferind primește atenție, validare sau apropiere. Corpul copilului devine scenă pentru un spectacol pe care părintele îl poate vedea. Și, uneori, acest spectacol e unul tragic.

Cum recunoști acest cod în viața adultă?

— Ai boli sau comportamente repetitive care coincid cu lipsa de iubire primită.

— Te sabotezi exact când cineva te iubește — ca să vezi dacă „rezistă".

— Ții activă o suferință ca să păstrezi loialitatea față de părinți sau familia ta.

Exemplu concret:

Un copil cade de pe bicicletă și își fracturează piciorul. Părinții, de obicei indiferenți, vin la spital, îl țin în brațe, îi vorbesc cu blândețe. Pentru prima dată, copilul se simte iubit. Ce asociază mintea lui? „Când sunt bine, nu exist. Când sufăr, primesc." Acest cod rămâne — și devine mecanism de relaționare. La maturitate, orice apropiere e însoțită de suferință, pentru că doar suferința înseamnă iubire.

Argument științific:
Studiile din psihologia dezvoltării arată că modelele de atașament se formează în primii ani de viață, iar creierul asociază automat stimuli afectivi cu experiențele predominante. Dacă afecțiunea e oferită doar în contextul bolii sau al suferinței, copilul internalizează suferința ca mijloc de conectare. Aceste trasee devin automate în sistemul nervos și sunt greu de dezactivat fără intervenție conștientă.

De ce e vital?
Pentru că foarte mulți adulți trăiesc în mod inconștient după acest cod — menținând durerea în viață doar pentru a primi iubire, atenție, sprijin. Și pentru că iubirea autentică nu cere suferință — ci prezență. Iar vindecarea începe când alegi să nu te mai rănești ca să fii văzut.

Uneori, durerea e singura limbă pe care părinții o înțeleg – și copilul o folosește

Ce înseamnă acest cod?
Dacă un copil își exprimă bucuria, creativitatea, sensibilitatea — dar părinții nu răspund... el va încerca altceva. Dacă plânge și părinții reacționează, învață că durerea este limbajul eficient. Dacă e bolnav și e îngrijit, învață că boala este conexiune. Fără să știe, copilul își adaptează comunicarea la canalul disponibil: suferința.

Nu o face conștient. Dar ceea ce funcționează — repetă. Chiar dacă doare.

Cum recunoști că încă „vorbești" durerea?
– Povestești mereu prin suferințele tale, nu prin visurile tale.
– Te simți nevăzut dacă nu ești în criză sau într-o rană.
– Eviți bucuria, de parcă n-ar avea cine s-o primească.

Exemplu concret:
Un copil cere să fie ascultat când e entuziasmat — dar e ignorat. Când e trist sau bolnav, primește îmbrățișare și atenție. În mintea lui se creează un cod: „Doar dacă sufăr, contez." Ajuns adult, atrage relații în care durerea e monedă de schimb. Bucuria pare superficială. În terapie, când e întrebat: „Ce vrei?", răspunde: „Să nu mai doară." Încă folosește limba pe care părinții lui o înțelegeau: durerea.

Argument științific:
Studiile asupra atașamentului dezorganizat arată că un copil crescut într-un mediu inconsistent va alege strategii de supraviețuire emoțională, chiar dacă sunt autodistructive. Neurologic, sistemul limbic învață că exprimarea emoțională autentică este riscantă sau ignorată, iar durerea devine codul de acces la interacțiune. Această dinamică se păstrează în viața adultă, generând relații bazate pe suferință și dramă.

De ce e vital?
Pentru că dacă nu conștientizezi acest cod, vei continua să te exprimi doar prin ceea ce doare. Și nu pentru că ești slab — ci pentru că altceva nu ți s-a răspuns. Dar acum poți învăța o limbă nouă: adevărul tău. Bucuria ta. Dorința ta. Și lumea care o va înțelege.

5.28. Vindecarea începe când copilul înțelege că nu trebuie să demonstreze nimic

Ce înseamnă acest cod?
Copilul care nu a fost văzut sau acceptat în esența lui va încerca toată viața să demonstreze. Va deveni „cuminte", „deștept", „puternic", „vindecătorul altora", „salvatorul tăcut" — orice, numai să fie iubit. Dar adevărul dureros este că orice iubire pe care o câștigi prin demonstrație nu e iubire, ci tranzacție. Vindecarea începe când îți dai seama că nu trebuie să dovedești nimic ca să fii demn de iubire. Că ești suficient, chiar dacă nu ești perfect, util sau admirat.

Cum recunoști că ai acest cod activ?
– Ai mereu nevoie să fii „bun", „de ajutor", „la înălțime" — ca să fii iubit.
– Nu-ți permiți să greșești sau să ceri sprijin.
– Te simți vinovat când stai sau când nu „faci ceva important".

Exemplu concret:
O femeie care a crescut cu un tată rece și exigent devine terapeut. E bună. Ajută sute de oameni. Dar în interior se simte mereu vinovată că nu face „destul". Într-o sesiune profundă, își dă seama că încearcă să-l convingă pe tatăl ei — simbolic — că merită iubire. În acel moment, decide: „Nu mai trebuie să demonstrez. Pot doar să fiu." Abia atunci, începe vindecarea reală.

Argument științific:
Psihologia schemelor arată că nevoia de aprobare și supracompensare derivă din lipsa validării în copilărie. Creierul dezvoltă rute hiperactive de auto-evaluare negativă și compensare cognitivă. Doar prin conștientizare și restructurare cognitiv-emoțională,

individul poate întrerupe acest „circuit de performanță pentru iubire".

De ce e vital?

Pentru că atâta timp cât simți că trebuie să demonstrezi, vei atrage doar oameni care te vor iubi pentru ce le dai — nu pentru cine ești. Și pentru că ești demn de iubire nu pentru că faci ceva extraordinar, ci pentru că exiști. Iar copilul tău interior are dreptul la asta.

5.29. Recalibrarea biologică apare după restabilirea echilibrului emoțional

Ce înseamnă acest cod?

Corpul este oglinda emoțiilor noastre cele mai adânci. Nu e un instrument separat de suflet — ci un *sistem de rezonanță*. Atunci când emoțiile sunt negate, reprimate sau blocate, corpul reacționează: cu tensiune, inflamație, durere, dezechilibru hormonal sau imunitar. Dar când echilibrul emoțional este restabilit — prin eliberare, conștientizare, iertare sau reconectare cu sinele — *corpului i se permite să repare*. Nu forțat. Natural.

Cum recunoști această recalibrare?

– Simptome inexplicabile încep să se reducă după o eliberare emoțională profundă.

– Îți revine energia fără suplimente — ci prin clarificare emoțională.

– Corpul „răspunde" imediat la adevăr: prin respirație mai liberă, somn mai bun, digestie normală.

Exemplu concret:

Un tânăr are probleme digestive cronice de ani de zile. Toate testele ies bine. După o sesiune în care își exprimă pentru prima dată furia față de abandonul tatălui, simte o ușurare profundă. În zilele următoare, corpul lui elimină constant. După o lună, simptomele se reduc drastic. Nu dieta l-a vindecat — ci *curajul de a exprima ce a tăcut ani întregi.*

Argument științific:
Studiile în domeniul psihoneuroimunologiei arată că echilibrul emoțional activează nervul vag și sistemul parasimpatic, care reglează digestia, imunitatea, ritmul cardiac și procesele de refacere celulară. Cortizolul scade. Dopamina și serotonina cresc. Emoțiile procesate biologic creează teren pentru vindecare.

De ce e vital?
Pentru că tratamentele nu funcționează în absența unei relații echilibrate cu tine. Pentru că nu poți cere corpului tău să se repare, dacă mintea ta îl menține în stare de asediu. Și pentru că *biologia urmează emoția — exact cum o umbră urmează un pas decis.*

5.30. Neputința psihică netratată se materializează într-un traumatism biologic

Ce înseamnă acest cod?
Când un om simte, constant, că nu are control, că nu poate schimba nimic, că nu e ascultat, că nu e văzut — psihicul său cedează în interior. Dar pentru că nu există spațiu, sprijin sau validare pentru această neputință, corpul preia sarcina. Traumatismul biologic apare adesea acolo unde psihicul a fost blocat prea mult timp într-o stare de apăsare, frustrare sau renunțare. Nu ca pedeapsă, ci ca ultimă formă de exprimare.
Cum recunoști acest cod în acțiune?

– Boala apare după o perioadă în care te-ai simțit complet lipsit de putere.
– Te îmbolnăvești „brusc", dar știi că ai tăcut sau ai renunțat prea mult.
– Simptomele coincid cu un moment în care ai spus „nu mai pot".

Exemplu concret:
Un bărbat rămâne într-un loc de muncă toxic ani la rând. E umilit, ignorat, suprasolicitat. Nu spune nimic. Nu pleacă. Nu cere ajutor. Într-o zi, are un accident de mașină „fără motiv evident". Psihologul îl întreabă: „Ce parte din tine n-a mai putut merge mai departe?" Și atunci înțelege: neputința a devenit impact fizic.

Argument științific:
Cercetările în domeniul medicinei psihosomatice arată că traumele emoționale nerezolvate se corelează cu tulburări funcționale (migrene, dureri inexplicabile, boli autoimune), dar și cu accidente frecvente. Stările de neputință activează cronic axa HPA și blochează reacțiile adaptative, lăsând corpul vulnerabil la dereglări și leziuni.

De ce e vital?
Pentru că dacă nu îți exprimi neputința, corpul o va exprima pentru tine. Pentru că nu trebuie să cazi ca să te oprești. Și pentru că vindecarea începe când nu-ți mai închizi gura interioară. Când spui, clar: „Ajunge. Merit altceva."

6. Coduri universale ale simbiozei – Stil Triboi Iulian

6.31. Simbioza este codul ascuns al crizei. Când totul eșuează, reapar relațiile vii

Ce înseamnă acest cod?
Criza nu este doar o prăbușire. Este un reset. Când toate strategiile individualiste eșuează — apare spațiu pentru *relația autentică, vie, egală*. Simbioza nu e dependență. Nu e sacrificiu. Este capacitatea de a trăi *împreună, conștient, reciproc susținător*. În adâncul fiecărei crize există o invitație: nu te închide, deschide-te. Nu te izola, apropie-te. Căci acolo unde totul cade, *doar ceea ce e viu între oameni rămâne*.

Cum recunoști că simbioza reapare?
– În mijlocul haosului, un om simplu, autentic, îți schimbă starea.
– În lipsuri, te ajuți cu vecinul — și apare o formă nouă de demnitate.
– În durere, nu mai vrei sfaturi — vrei prezență. Și o primești.

Exemplu concret:
În timpul unei crize economice, o familie rămâne fără resurse. Tatăl, care era distant, începe să gătească pentru copii. Mama, care era mereu grăbită, stă seara și povestește. Copiii devin mai deschiși. Frica rămâne, dar apare o intimitate pe care prosperitatea o ascunsese. *Criza a adus simbioza înapoi.

Argument științific:
Conform teoriei polivagale (Stephen Porges), în situații de stres extrem, sistemul nervos caută nu doar soluții — ci conexiune sigură. Nu izolarea reglează stresul, ci contactul empatic. Relațiile autentice activează nervul vag și induc stări de coerență cardiacă, calm și reziliență.

De ce e vital?
Pentru că într-o lume care eșuează prin izolare, salvarea vine prin apropiere. Pentru că nu suntem făcuți să funcționăm singuri. Și

pentru că, în final, nu ne salvează teoria — ci o mână întinsă cu adevăr.

A se utiliza Worksheet-ul nr. 20 — Plan 72h (cer/ofer concret)

6.32. Vindecarea reală: eliberarea din mecanismele care generează suferința

Ce înseamnă acest cod?
Vindecarea nu înseamnă să nu mai suferi niciodată. Nici să devii „pozitiv". Înseamnă să nu mai participi inconștient la mecanismele care generează propria ta suferință. Să nu mai repeți. Să nu mai tolerezi. Să nu mai întărești exact ceea ce te rănește. Mecanismul doare mai mult decât rana inițială. Suferința devine automată doar dacă e rulată pe pilot automat. Vindecarea rupe acest cerc.

Cum recunoști că ai început să te eliberezi?
– Nu te mai identifici cu rolul de victimă sau salvator.
– Spui „stop" chiar și față de propriile reflexe dureroase.
– Simți că ai un spațiu interior nou: între gând, emoție și reacție.

Exemplu concret:
Un bărbat își alege constant partenere indisponibile. Suferă. Plânge. Se simte trădat. Apoi înțelege că, de fapt, el căuta femei care să-i valideze un tipar de respingere moștenit din copilărie. Când rupe mecanismul, nu mai caută relația „corectă" — ci își vindecă modelul de iubire. *Atunci începe și libertatea.

Argument științific:
Psihologia cognitiv-comportamentală arată că suferința cronică este susținută de gânduri automate, convingeri limitative și comportamente compulsive. Neuroplasticitatea ne oferă șansa de a rescrie aceste circuite prin conștientizare repetată și alegere diferită.

Eliberarea vine nu prin luptă, ci prin înlocuire conștientă a automatismului.

De ce e vital?
Pentru că nu ne doare ce ni s-a întâmplat — ne doare ce continuăm să recreăm din ce ni s-a întâmplat. Pentru că mecanismul este un cerc. Și pentru că, odată ce-l vezi, poți ieși. Și în afara lui, nu e haos — e viață.

6.33. Alegere funcțională = ceea ce susține viața, iubirea și simbioza – nu ce „e corect"

Ce înseamnă acest cod?
„Corect" nu e întotdeauna „vindecător". Sunt oameni care fac „ce trebuie" — dar se simt goi. Familii care trăiesc „ca la carte" — dar fără iubire. Relații care funcționează social — dar nu respiră. Alegerea funcțională nu urmează litera regulii. Urmează *logica vieții, a conexiunii, a sensului viu.* Funcțional înseamnă viu. Nu mecanic. Nu impus. Nu ideal. Ci *ceea ce hrănește viața și o face sustenabilă.*

Cum recunoști o alegere funcțională?
– După ce o faci, simți spațiu, respirație, adevăr.
– Nu mai trebuie să justifici nimic. Se simte clar, chiar dacă nu e „logic" pentru alții.
– Nu e despre „cine are dreptate". E despre „ce susține viața mea acum".

Exemplu concret:
O femeie rămâne într-o căsnicie „pentru copii". Toți o felicită că „se sacrifică". Dar înăuntru, moare. Într-o zi, decide să plece. Își asumă. Nu pentru că „e corect". Ci pentru că în acea relație,

niciunul nu mai era viu. Copiii cresc apoi mai echilibrați — pentru că au învățat *că iubirea nu e obligație. E adevăr.*

Argument științific:
Psihologia umanistă și abordările sistemice evidențiază că funcționalitatea sănătoasă a unei alegeri este dată de impactul ei asupra întregului sistem: fizic, emoțional, relațional. Alegerile corecte din punct de vedere social, dar disfuncționale emoțional, generează dezechilibru psihic și conflict intern.

De ce e vital?
Pentru că prea mulți oameni mor pe dinăuntru „făcând ce e bine". Pentru că viața nu cere perfecțiune, ci adevăr trăit. Și pentru că o alegere vie susține nu doar pe tine — ci și pe cei din jurul tău, chiar dacă ei nu o înțeleg imediat.

6.34. Criza mondială este o criză de sens. Soluția nu este un sistem, ci o rearmonizare prin sens

Ce înseamnă acest cod?
Tot ce se prăbușește în lume — educație, sănătate, economie, politică — are un numitor comun: *o lipsă profundă de sens.* Oamenii nu mai știu de ce trăiesc. De ce muncesc. De ce iubesc. De ce se trezesc dimineața. Și fără sens, nimic nu ține. Nu avem nevoie de încă un sistem. Avem nevoie de *un pivot interior care să ne alinieze din nou cu viața.* Nu din afară spre interior, ci dinăuntru înspre lume.

Cum recunoști că trăiești criza de sens?
– Ai tot ce „trebuie", dar te simți gol.
– Nu te mai atrage nimic, nici măcar „succesul" sau „recompensa".

– Simți că lumea a devenit un decor steril și mecanic.

Exemplu concret:
Un tânăr cu o carieră strălucită simte, la 35 de ani, că totul e inutil. Nimic nu-l mai motivează. Nu are nicio boală, dar e epuizat. Într-o zi, își amintește de pasiunea din copilărie pentru natură și desen. Se reapucă, timid, de pictat. Apoi merge în comunități rurale, învață permacultură, începe să construiască ceva viu. Într-un an, simte din nou că trăiește. Nu pentru că „a schimbat jobul" — ci pentru că și-a regăsit *sensul*.

Argument științific:
Logoterapia și studiile asupra reziliențe arată că lipsa sensului este mai distructivă decât stresul. Persoanele care percep sens în ceea ce fac prezintă o mai mare imunitate psihologică, adaptabilitate și speranță în fața adversității. Sensul activează sistemele cerebrale de recompensă, oferind energie, claritate și reziliență pe termen lung.

De ce e vital?
Pentru că lumea nu se va repara cu reguli — ci cu oameni care știu de ce trăiesc. Pentru că sensul este singura formă de ordine care nu cere control. Și pentru că *acolo unde e sens, e viață — și acolo unde e viață, reîncepem.*

7. Coduri fundamentale ale eliberării și transfigurării interioare – Stil Triboi Iulian

7.35. Geniile se nasc din traume

Ce înseamnă acest cod?

Nu orice suferință naște un geniu. Dar fiecare geniu poartă o suferință arsă în creație. Trauma este materia brută din care se poate aprinde scânteia viziunii. Nu pentru că doare — ci pentru că forțează conștiința să vadă altfel. Acolo unde alții fug, geniul rămâne. Și privește. Adevărata creație nu vine din confort, ci din dezechilibru asumat. Din întrebări pe care nimeni nu are curajul să le pună. Dintr-o nepotrivire radicală cu suferința repetitivă. Genialitatea nu este talent. Este transfigurarea durerii în formă vie.

Exemple:
– Jonas Salk creează vaccinul antirabic ca reacție la moartea copiilor.
– Focul e inventat din teamă de întuneric și frig.
– Hainele – din rușinea și vulnerabilitatea expunerii.
– Telecomanda – din oboseala repetitivă a controlului extern.
– Artă, muzică, literatură – toate au la rădăcină o rană. Dar și o alegere.

Adevărul este simplu: Geniul nu este suferința. Geniul este alegerea făcută în fața suferinței. Și dacă întrebi: „Pot și eu?" – răspunsul e: Da. Dacă nu te mai întrebi de ce ai suferit, ci ce vrei să creezi din ea.

Cine decide starea noastra?
7.36. Noi hotărâm când suferim și când suntem fericiți

Ce înseamnă acest cod?
Nimeni nu ne-a învățat că avem dreptul să decidem starea noastră interioară. Sistemele ne-au programat să reacționăm. Să fim fericiți „când merităm" și triști „când pierdem". Dar omul cu adevărat liber nu mai cere voie să simtă. El a înțeles că emoția e alegere.Când te desprinzi de mintea socială – care îți spune ce e rușinos, ce e permis, când să plângi și când să râzi – descoperi o

minte personală. Autentică. Clară. Care nu mai este sclavul reacției, ci creatorul reacției.Fericirea nu e un eveniment. E un răspuns. Iar suferința, deși e reală, nu e necesar să o prelungești ca să o validezi.

Adevărul eliberator este: Tu decizi ce trăiești, în ce proporție, și cât timp.

Exemplu:
O femeie își pierde totul. Dar în loc să urle, tace. Se așază. Și spune: „Aici sunt eu. Nu ceea ce mi s-a luat. Nu ceea ce mi s-a dat. Ci eu." Din acea clipă, suferința devine tăcere. Tăcerea – spațiu. Spațiul – alegere. Alegerea – viață.Acesta este actul suprem de putere interioară: Să nu mai fii utilizatorul mintii altora. Ci autorul propriei stări.

7.37. Codul Eliberării prin Limite

Ce înseamnă acest cod?
A ierta nu înseamnă a uita. Nu înseamnă a accepta la nesfârșit. Nu înseamnă a te supune din nou. Înseamnă a elibera energia ta din lanțul emoțional al celuilalt. Iertarea nu e permisie. E separare emoțională. Iar limita nu e răceală – e claritate.Este un act profund de demnitate să spui: „Te iert. Dar nu te mai las să mă atingi." Uneori, cea mai înaltă formă de iubire de sine este tăcerea cu granițe.

Cum recunoști acest cod activ în tine?
– Nu mai simți nevoia să „faci dreptate". Înțelegi. Și alegi distanța.
– Nu mai vrei explicații sau regrete – vrei liniște și claritate.
– Nu mai dai acces automat celor care ți-au rănit încrederea.

Exemplu concret:

O femeie iartă un partener care i-a înșelat încrederea. Nu pentru el. Pentru ea. Dar nu se mai întoarce. Nu mai cere cuvinte. Nu mai dă a doua șansă. Pur și simplu spune un „nu" tăcut și sfânt. Acela este momentul în care viața ei se reașază.

Argument științific:
Psihoterapia traumei arată că limitele sănătoase refac sentimentul de siguranță internă, iar iertarea autentică reduce cortizolul și hiperactivarea sistemului limbic. Împreună, ele creează spațiul pentru reglare emoțională profundă și regenerare neurologică.

De ce e vital?
Pentru că prea mulți confundă iertarea cu acceptarea răului. Iar asta perpetuează trauma. Pentru că poți fi iubitor și ferm. Vindecat și separat. Și pentru că nu orice relație merită o nouă deschidere – dar fiecare suflet merită o eliberare.

7.38. Codul Memoriei Corpului

Ce înseamnă acest cod?
Nu toate traumele vin cu povești clare. Unele vin cu tăceri, spasme, oboseală cronică, anxietate fără motiv, sau reacții inexplicabile. Asta pentru că *nu toate traumele sunt stocate în memoria explicită*. Multe rămân în *memoria implicită – adică în corp*. Ceea ce mintea a uitat sau a blocat, corpul îți amintește. Nu prin cuvinte – ci prin senzații, disconforturi și reacții automate. De aceea, vindecarea nu începe întotdeauna prin povestire. Ci prin *ascultarea blândă a corpului*.

Cum recunoști acest cod în viața ta?
– Ai reacții intense fără un motiv logic clar.
– Te dor zone ale corpului „fără explicație" medicală.

– Nu ai amintiri clare dintr-o perioadă dificilă – dar corpul tresare, evită, sau plânge fără motiv.

Exemplu concret:
Un bărbat are atacuri de panică în locuri aglomerate, dar nu își amintește nicio traumă. Într-o sesiune de terapie corporală, începe să simtă un nod în gât și tremur în mâini. Nu are o poveste. Are o reacție. Cu timpul, învață să respire prin ea, să o integreze. *Vindecarea vine nu din explicație, ci din reconectare.*

Argument științific:
Psihoneuroimunologia și neuroștiințele traumei (Bessel van der Kolk, Peter Levine) arată că trauma poate fi stocată în amigdala și ganglionii bazali, afectând sistemul nervos autonom. Terapiile somatice, yoga trauma-informed, EMDR sau biofeedback ajută la reprogramarea răspunsurilor corporale fără acces la narațiune.

De ce e vital?
Pentru că dacă nu ai o poveste, nu înseamnă că nu ai o rană. Și pentru că vindecarea nu cere amintiri. Cere prezență. Iar fiecare durere tăcută din corp e o scrisoare din trecut care așteaptă să fie deschisă cu compasiune, nu cu panică.

7.39. Codul Vulnerabilității Selective

Ce înseamnă acest cod?
Vulnerabilitatea nu înseamnă să te lași sfâșiat. Înseamnă să rămâi deschis — dar conștient. Să spui adevărul — dar nu oricui. Să simți profund — dar nu să te expui inconștient.Inima deschisă nu e o ușă descuiată. Este o poartă cu simțire. Cu discernământ. Cu limite. Adevărata vulnerabilitate nu este slăbiciune. Este curaj cu înțelepciune. Este sinceritate dozată. Este luciditate emoțională.

Cum recunoşti acest cod în viaţa ta?
– Nu te mai simţi vinovat că te protejezi.
– Îţi deschizi sufletul doar acolo unde e onorat, nu consumat.
– Nu mai confunzi autenticitatea cu transparenţa totală.

Exemplu concret:
Un terapeut spune: „Astăzi nu pot să ofer tot. Mă simt epuizat." Spune adevărul. E vulnerabil. Dar nu îşi deschide rana cuiva care ar profita. El alege cui, când şi cât. Aceasta este maturitatea vulnerabilităţii.

Argument ştiinţific:
Studiile despre biologia socială şi neuronii oglindă arată că organismul nostru detectează incongruenţa emoţională şi intenţiile ascunse înainte de conştientizare. Sistemul nervos autonom reacţionează prin contracţie sau expansiune. Intuiţia este biologică. A nu te expune în faţa celor care nu te pot conţine este un act de reglare sănătoasă.

De ce e vital?
Pentru că prea mulţi oameni se rănesc în numele „sincerităţii". Şi pentru că a simţi profund nu înseamnă să suferi constant. Ci să ştii unde se termină siguranţa şi începe drenajul. Adevărata vulnerabilitate creează viaţă — nu gol.

7.40. Codul Menirii Incrementale

Ce înseamnă acest cod?
Trăim într-o societate care te forţează să alegi: bani sau sens. Supravieţuire sau vocaţie. Dar aceasta e o capcană binară. *Menirea nu cere salturi extreme. Cere răbdare, claritate şi paşi mici.* Nu trebuie să-ţi dai demisia, să pleci în munţi sau să-ţi arzi trecutul.

Poți planta pasiunea ta în crăpăturile programului tău actual. O oră pe săptămână. Un proiect lateral. O acțiune voluntară. O conversație autentică.
Nu e totul sau nimic. E ceva care crește.

Cum recunoști acest cod activ?
– Începi să simți sens într-o activitate mică, dar constantă.
– Nu mai simți că vocația trebuie să „înlocuiască" totul. O lași să coexiste.
– Începi să simți recunoștință pentru spațiile mici unde poți fi tu.

Exemplu concret:
O contabilă pasionată de scris nu își poate părăsi jobul. Dar scrie 15 minute dimineața. Trimite un articol. Prinde curaj. Începe un newsletter. Apoi o carte. După 2 ani, pasiunea devine un canal real de susținere. Nu pentru că a fugit din viață. Ci pentru că a crescut viața din interior.

Argument științific:
Studiile din neuroștiința motivației arată că dopamina nu e eliberată doar la realizarea scopului, ci mai ales la progresul perceput. Micile victorii construiesc rețele neuronale ale încrederii și rezilienței. Prin consistență, pasiunea devine ancoră identitară și apoi, posibilitate economică.

De ce e vital?
Pentru că prea mulți oameni cred că trebuie să-și abandoneze viața pentru a-și trăi menirea. Și pentru că menirea nu vine din revoltă, ci din cultivare. Iar dacă o uzi zilnic, chiar și 10 minute, crește. Nu ca un salt — ci ca un copac.

7.41. CODUL REBELDIEI AUTENTICE

Esența rebeldiei autentice:
O revoltă sacră împotriva iluziilor colective. Nu e despre distrugere, ci despre **reconstrucție prin adevăr**.
Niveluri de Expresie:
1. Rebeldia Externă
Manifestare: Respingere vizibilă a sistemelor limitative
Semnătura energetică:\"Nu mă voi conforma"
Pragul de transformare: Devine conștientă când trece de la reacție la alegere
2. Rebeldia Internă
Revoluția invizibilă: Rescrierea programelor mentale moștenite
Armă secretă: Observarea fără identificare
Efect secundar: Schimbarea relațiilor fără efort
3. Rebeldia Alchimică
Strategia supremă: Transmutarea energiilor sistemice
Exemplu practic: Folosirea tehnologiei pentru conștientizare, nu dependență
Impact neurobiologic: Activează rețelele creative din cortexul prefrontal

Biologia Autenticității
- *Efect asupra corpului:* Scădere cu 37% a cortizolului la persoanele care practică alegeri conforme cu valorile lor (Studiu UCLA, 2022)
- *Sincronizare cardiacă:* Coerență crescută în stările de autodeterminare

Practici de Eliberare Zilnică
- Ritualul de dimineață: 5 minute de întrebare "Ce aș face astăzi dacă aș fi deja liber?"

- **Sabotarea controlată:** Anularea planificată a unei activități "obligatorii" săptămânal
- **Exercițiul oglindă:** A reflecta în conversații doar ceea ce e autentic, nu ceea ce e așteptat

Paradoxul Rebelului Conștient

Cu cât devii mai autentic, cu atât sistemul începe să se adapteze la tine. Nu trebuie să-l schimbi - trebuie să te schimbi pe tine suficient cât să-l faci irelevant.

Semnătura Vibrațională:"Trăiesc conform adevărului meu, dar fără nevoia de a-l demonstra. Schimb lumea prin faptul că nu mai permit să mă schimbe."

Testul Ultim:

Dacă ai putea face orice fără consecințe sociale, ai alege exact ce faci acum? Dacă nu, ce mic pas rebel poți face astăzi spre acea direcție?

Rezumat Neurofilosofic:

Rebeldia autentică e procesul prin care cortexul prefrontal își recapă puterea de decizie de la amygdala și nucleul accumbens (centrii fricii și recompensei sociale). E o recalibrare a sistemului nervos spre autonomie.

Invitație Practică:

Alege o zonă a vieții tale unde acționezi din obișnuință. Interoagă-te:"Dacă aș fi complet liber, cum aș aborda asta diferit?" Implementează o variație mică, observă efectele.

Protocolul Interterapeutic Aplicat

Coduri, fișe și triere în 24–72h

Permisiune de utilizare — CC0 1.0 Universal (Public Domain Dedication)
Textul fișelor din acest pachet este oferit sub licența CC0 1.0 Universal (Public Domain Dedication). Poți copia, modifica, adapta, publica, traduce, distribui și utiliza comercial, fără permisiune și fără obligație de atribuire. Această dedicare nu afectează alte texte sau mărci ale trilogiei tale. Responsabilitatea aplicării revine utilizatorului.

Atenție: Aceste instrumente nu înlocuiesc evaluarea sau îngrijirea profesionistă. Dacă există risc pentru siguranță (auto/hetero-vătămare, violență, psihoză, sevraj sever), sună serviciile de urgență (112) și contactează un specialist.

TRILOGIA — Pachet de Worksheet-uri

Sfat (martor benevolent)
Alegeți un interlocutor pe post de „martor" al declarațiilor și acțiunilor voastre — pe cineva pe care ați dori să nu-l dezamăgiți. De obicei, în criză sau în evoluție, validarea unui observator benevolent este mai eficientă decât auto-validarea.
Triada de lucru: Decizia (butonul) → Protocolul (acești pași) → Containerul (simbioză, martor).

Fise de lucru functionale *(*Worksheet.uri) :
WS1 —Se potrivește pentru toate codurile. Pact de 2 minute (Necesitate declarată)
Completează înainte de orice exercițiu. Scop: angajament minim + un gest observabil acum.

Câmp	Răspuns
Declar că am nevoie să schimb:	EXEMPLU: ruminația de seară
De ce acum (1 propoziție):	EXEMPLU: am 3 nopți cu somn prost și oboseală
Gest observabil (≤2 min):	EXEMPLU: 8 cicluri respirație egală
Timer 2:00 — pornit la ora:	EXEMPLU: 21:00
Martor benevolent (nume/contact):	EXEMPLU: Andrei — 07xx xxx xxx

WS2 — Se potrivește pentru toate codurile. Triage & Escaladare (Semne roșii)

Bifează. Dacă oricare este „DA", oprește worksheet-urile și escaladează (sună serviciile de urgență / specialist).

Semn roșu	DA/NU	Acțiune imediată
EXEMPLU — Gânduri/plan de auto-vătămare	DA	Sună 112 / contactează imediat specialistul
Violență activă în mediu		
Halucinații imperative (de comandă)		
Sevraj sau consum sever		
Pierderea conștienței/convulsii		
Minor în pericol		
Imposibilitatea de a rămâne în siguranță 24h		

WS3 — Se potrivește codului 4.21 Decizia clară (protocol 24h)

Definește alegerea și leag-o de un gest observabil, un martor și o revizuire la 24h.

Câmp	Răspuns
Aleg să nu mai tolerez:	EXEMPLU: amânarea la culcare
De ce (valoare/adevăr):	EXEMPLU: sănătate & claritate dimineața

Gest observabil azi (≤10 min):	EXEMPLU: sting lumina și las telefonul în altă cameră
Ora/locul exact:	EXEMPLU: 22:30, dormitor
Martor (nume/contact):	EXEMPLU: Maria — 07xx xxx xxx
Mesajul pe care i-l trimit:	EXEMPLU: „Închid la 22:30. Revin mâine cu update."
Rezultatul la 24h:	EXEMPLU: am adormit la 22:45, mai bine
Ce ajustez pentru următoarea zi:	EXEMPLU: mut alarma cu 15 min mai devreme

WS4 — Se potrivește codului 4.22 Oprește fuga (micro-expuneri 72h)

Construiește 3 pași foarte mici către situația evitată. Repetă până scade anxietatea ≥50%.

Pas	Descriere	Timp (min)	Anxietate înainte (0–100)	Anxietate după (0–100)
1	EXEMPLU: deschid emailul 2 minute	2	70	55
2				

WS5 — Se potrivește codului 4.23 Alegerea conștientă (valori & acțiuni)

Leagă o valoare de o acțiune observabilă azi.

Câmp	Răspuns
Valoarea-cheie de azi:	EXEMPLU: grija de sine
De ce contează pentru mine acum:	EXEMPLU: fără odihnă, devin iritabil

Comportament aliniat (≤10 min):	EXEMPLU: pauză de respirație 3 min după prânz
Obstacol probabil:	EXEMPLU: mă ia valul la muncă
If–Then (Dacă X, atunci Y):	EXEMPLU: Dacă uit, atunci pun timer la 14:00
Martor:	EXEMPLU: Radu — 07xx xxx xxx
Rezultat azi:	EXEMPLU: am făcut 2 min, mă simt mai clar

WS6 — Se potrivește codului 4.24 Ce aleg să nu mai tolerez? (jurnal)

Scrie 3 situații. Alege una și fă un gest observabil în 24h.

Situația	Nu mai tolerez...	Gest în 24h
EXEMPLU: scroll la miezul nopții	telefon în dormitor	las telefonul în bucătărie

WS7 — Se potrivește codului 1.4 Recunoașterea (mesaj clar + limită)

Formulează un mesaj scurt, respectuos și clar; definește limita și consecința blândă.

Câmp	Text
Context:	EXEMPLU: întârzieri repetate la întâlniri
Mesaj (max 30 cuvinte):	EXEMPLU: „Te rog să vii la ora stabilită. Dacă întârzii, încep fără tine."
Limita mea este:	EXEMPLU: încep la fix
Consecință blândă dacă limita e încălcată:	EXEMPLU: închid întâlnirea la :10
Când/unde transmit:	EXEMPLU: miercuri 10:00, birou

Cum mă îngrijesc după mesaj:	EXEMPLU: plimbare 10 min
Revizuire la 24–72h:	EXEMPLU: a funcționat 70%

WS8 — Se potrivește codului 1.7 Iertarea (interior, fără a reveni în pericol)

Separă iertarea interioară de reconciliere. Lucrează întâi cu corpul și cuvintele tale.

Câmp	Răspuns
Ce s-a întâmplat (fapte, 3 rânduri):	EXEMPLU: colegul a făcut un comentariu răutăcios
Ce simt în corp (loc/intensitate):	nod în stomac (6/10)
Ce am nevoie să recunosc:	durerea mea e reală
Ce aleg să-mi spun (formulă de iertare):	„Îți dau drumul din inima mea."
Ce NU fac (siguranță):	nu reiau discuția azi
Un gest de grijă pentru mine azi:	ceai cald + plimbare 10 min
Ce dau drumul (obiect/gând):	post-it „nu mai rumin"
Martor (dacă aleg):	—
Revizuire 7 zile:	mai puțină tensiune (4/10)

WS9 — Se potrivește codului 1.6 Prezența Transformatoare (3 minute)

Cronometrează 3 minute. Respirație egală, simțuri, etichete blânde. Notează efectul.

Cicluri de respirație	Ancoră senzorială	Observație după
EXEMPLU: 10	palmele pe masă rece, vizual: fereastra	ritm mai lent, tensiune - 20%

WS10 — Se potrivește codului 1.5 Comunitatea Vindecătoare (rețea de sprijin)

Alege 5 oameni vii. Formulează cereri concrete și momente de co-reglare.

Nume	Rol	Cerere a mea (clară)	Când/unde	Observați i
EXEMPLU: Andrei	prieten	sună-mă joi 15 min	online, 19:00	îi trimit mesaj azi

WS11 — Se potrivește codului 1.2 Simbioza (a oferi / a primi)

Notează în paralel ce oferi și ce primești săptămâna aceasta. Caută echilibru fără contabilizare rigidă.

Zi	Am oferit	Am primit
EXEMPLU: Ziua 1	am dus cumpărături bunicii	o supă caldă de la vecină
Ziua 1		
Ziua 2		

WS12 — Se potrivește codului 2.14 Moștenirea dureroasă (harta tiparului)

Identifică un tipar transmis. Alege o ruptură mică, aplicabilă în următoarele 24–72h.

Câmp	Răspuns
Tiparul observat (fraza bunicii/tatei):	EXEMPLU: „Nu cere ajutor."
Ce simt când apare:	EXEMPLU: strângere în piept

Ce îmi spun de obicei:	EXEMPLU: trebuie singur(ă)
Ce aleg să spun în schimb:	EXEMPLU: „Pot cere sprijin."
Ruptura mică (gest concret):	EXEMPLU: trimit un mesaj de ajutor pentru sarcina X
Când/unde o fac:	EXEMPLU: astăzi, ora 17:00
Martor:	EXEMPLU: Irina
Rezultat:	EXEMPLU: am primit un „da"

WS13 — Se potrivește codului 2.15 Integrarea umbrei (partea negată)

Numește partea pe care o eviți. Găsește-i funcția. Dă-i o sarcină mică sănătoasă.

Câmp	Răspuns
Partea mea evitată:	EXEMPLU: furia
Ce încearcă să protejeze:	EXEMPLU: limitele mele
Ce îi cer azi (rol sănătos mic):	EXEMPLU: să spun „nu" politicos la o cerere
Semnal de overload (cum o observ):	EXEMPLU: maxilar încordat
Gest de reglare dacă apare:	EXEMPLU: 3 respirații + relaxez umerii
Ce învăț din ea:	EXEMPLU: că merit protecție
Cu cine discut asta:	EXEMPLU: mentorul X
Follow-up data/ora:	EXEMPLU: vineri 18:00

WS14 — Se potrivește codului 3.19 Loialitate inconștientă (renegociere)

Completează jurământul vechi și scrie jurământul nou, conștient, fără a rupe iubirea.

Câmp	Text

Jurământ vechi (nescris, dar activ):	EXEMPLU: „Să nu deranjez pe nimeni cu nevoile mele."
Prețul plătit până azi:	EXEMPLU: oboseală cronică
Ce onorez cu adevărat:	EXEMPLU: demnitatea și adevărul
Jurământ nou (clar, binevoitor):	EXEMPLU: „Cer ajutor când am nevoie, cu respect."
Un gest care îl confirmă azi:	EXEMPLU: trimit o rugăminte clară azi
Cui îi spun acest lucru:	EXEMPLU: sora mea
Ce urmăresc în 7 zile:	EXEMPLU: 3 cereri clare
Revizuire la:	EXEMPLU: data/ora

WS15 — Se potrivește codului 3.20 Nu e nevoie să suferi ca să fii iubit (reîncadrare)

Înlocuiește credința punitivă cu una de grijă. Probează-o comportamental azi.

Câmp	Răspuns
Credința veche (punitivă):	EXEMPLU: „Valorez doar când mă sacrific."
Dovezi că nu e adevărat absolut:	EXEMPLU: oamenii mă apreciază și când cer clar
Credință nouă (de grijă):	EXEMPLU: „Merit grijă fără sacrificiu."
Comportament test (≤10 min):	EXEMPLU: pauză de 10 min în timpul programului
Martor:	EXEMPLU: Alex
Cum mă simt după:	EXEMPLU: mai puțină tensiune
Ce repet 7 zile:	EXEMPLU: pauză zilnic
Observații:	EXEMPLU: —

WS16 — Se potrivește codurilor 4.24, 4.23, 3.20, 2.15, 3.19.
Jurnal de ganduri(6 coloane)

Situație → Emoție → Gând automat → Dovezi pro/contra → Gând alternativ → Acțiune & emoție nouă.

Situația	Emoție (0–100)	Gând automat	Dovezi pro	Dovezi contra	Gând alternativ + Acțiune
EXEMPLU: șeful a spus „vorbim mai târziu"	teamă 70	mă dă afară	ton scurt azi	ieri a lăudat raportul; zice des „mai târziu"	probabil e ocupat; trimit mail pt. programare 10 min

WS17 —Se potrivește codurilor 4.21, 4.23, 3.20.
Activare comportamentală (7 zile)

Alege 1–3 activități ușoare pe zi. Notează energia (E) înainte/după.

Ziua	Activitatea 1	Activitatea 2	Activitatea 3	E înainte (0–10)	E după (0–10)
EXEMPLU: Ziua 1	duș cald 5'	plimbare 10'	spălat farfuria	3	5
Ziua 1					
Ziua 2					

WS18 —Se potriveşte codului 4.22. Ierarhie de expunere (0–100)

Listează situaţiile de la uşor la greu. Repetă expunerea până scade anxietatea.

Pas	Situaţia	Teamă iniţială (0-100)	Repetări Dată	Teamă după (0-100)
1	EXEMPLU: pun o întrebare la şedinţă	35	2× azi	20
2				

WS19 —Se potriveşte codurilor 4.23, 3.20, 4.24.
Experimente comportamentale (testez ipoteze)

Defineşte ipoteza, riscurile, măsura de siguranţă şi criteriul de reuşită. Rulează testul.

Câmp	Răspuns
Ipoteza mea (ce cred că se va întâmpla):	EXEMPLU: „Dacă cer o zi liberă, şeful se enervează."
Ce înseamnă succesul (criteriu observabil):	EXEMPLU: primesc un răspuns clar, fără conflict
Paşii testului (clar):	EXEMPLU: scriu un mail concis, ofer variante de recuperare
Riscuri şi cum le reduc:	EXEMPLU: aleg momentul potrivit, discut faţă în faţă
Când/unde testez:	EXEMPLU: vineri 10:00, birou
Ce s-a întâmplat de fapt:	EXEMPLU: a fost deschis; am obţinut 1/2 zi
Ce am învăţat:	EXEMPLU: frica a fost exagerată
Ce ajustez data viitoare:	EXEMPLU: cer mai devreme data viitoare
Când repet:	EXEMPLU: în luna următoare

WS20 — Se potrivește codului 6.31 Simbioza în criză (plan 72h)

Definim ajutorul primit/oferit în următoarele 72h, cu limite și pași clari.

Ziua	Pe cine sun (nume/rol)	Ce cer (clar)	Ce ofer (clar)	Limită/ Observații
EXEMPLU: Ziua 1	mama — suport copii	preia 2 ore marți	aduc cumpărăturile joi	termin la 19:00
Ziua 2				
Ziua 3				

Capitolul 3

Ghid practic de aplicare

Dragă cititorule,
dacă ai ajuns aici, înseamnă că ai parcurs deja cele41 de CoduriFundamentale si Worksheet.uri. Le-ai văzut, le-ai simțit, poate chiar ai recunoscut în ele ecouri ale propriului tău drum.
Dar să știi ceva:
Codurile nu sunt doar instrumente. Sunt expresii ale unor legi universale care guvernează realitatea umană. Ele nu funcționează în vid. Au o istorie, o logică și o arhitectură invizibilă care le susține.
Acest capitol intermediar este cheia care deschideușa căreînțelegerea profundăa codurilor.
Aici vei descoperi:
-De cerealitatea este o oglindăa conștiinței tale, nu un accident extern;
-Cumadevărul devine toxicdacă nu este însoțit de echilibru și compasiune;
-De ceempatia poate paralizadacă nu este alimentată cu discernământ;
-Cumtrauma este un cod evolutiv, nu o pedeapsă;
-Și, poate cel mai important:cum suferința devine opționalăodată ce înțelegi mecanismele ei.Aceasta nu este teorie. Estecartea de instrucțiuni a sufletuluipe care nimeni nu ți-a dat-o până acum.

Citește-o nu doar cu mintea, ci și cu inima deschisă.Fii pregătit să-ți pui întrebări pe care nu ți-ai pus-le până acum.Și fii sigur: după ce vei înțelege fundalul, codurile vor deveni nu doar utile, ci firești.

Exemplificare:

1. Prima practica:

Cum poți să te ierți cu adevărat — chiar și când ai făcut rău celor pe care îi iubești?

Pentru a te ierta, mai întâi trebuie să vrei. Așa începe iertarea. Și față de ceilalți, dar mai ales față de tine. Trebuie să fii sincer cu tine: vrei cu adevărat să te ierți sau doar te frământă vinovăția? De cele mai multe ori, spunem că vrem să ne iertăm, dar ne ținem strâns de povara suferinței, ca și cum ar fi un merit — sau o formă de ispășire.

Dar iertarea nu poate coexista cu vinovăția. Vinovăția nu te lasă să treci pragul. Ca să te ierți, trebuie să renunți la acuzație, la ideea că meriți pedeapsă. Asta presupune să te întorci la cauze. Nu la fapte.

Ce a declanșat greșeala? Ai vrut cu adevărat să faci rău? Sau ai vrut să-ți faci un bine, fără să vezi repercusiunile? Nu e totul alb-negru. Uneori acțiunea vine dintr-o rană, nu din intenție rea.

Noi am fost educați pe un cod profund distructiv: **greșeală → pedeapsă → suferință → corecție**. L-am primit de mici. Am fost condiționați să credem că nu putem învăța decât prin suferință. Că dacă greșim, trebuie să ne pedepsim. Și dacă nimeni nu ne pedepsește, o facem singuri. Ne afundăm în suferință ca și cum doar ea ne-ar putea curăța. Dar iertarea autentică începe atunci când **rupi acest lanț**.

Adevărul este că suferința în exces nu educă — doar paralizează. Dacă suferința ar fi fost un mecanism eficient de corectare, n-am mai fi repetat aceleași greșeli. Dar o facem. De ce? Pentru că ne-am obișnuit să ne pedepsim, nu să ne înțelegem. Am fost învățați să credem că doar dacă suferim, demonstrăm regret. Dar ce fel de iubire e aceea care cere suferință în schimb?

Dacă cei pe care i-ai rănit te iubesc, nu te vor ține captiv în vină. Dacă o fac — îți spun că nu meriți iertare — devin ca tine, cel care se judecă. Și atunci, ești singur? Nu. Suntem toți în aceeași suferință. Dar **judecata nu e dovadă de iubire**. E doar o extensie a durerii netratate.

Iertarea apare când înțelegi: nu ești suma greșelilor tale. Ești un om în proces. Un om care a greșit pentru că nu a știut altfel în acel moment. Și care poate învăța alt drum, doar dacă este lăsat să-l construiască — nu ținut în lanțurile rușinii.

Când alegi să te ierți, recunoști nu că ai fost „bun", ci că ai fost om. Și că vrei să devii mai mult. Asta e iertarea: nu scutire de responsabilitate, ci eliberare dintr-o pedeapsă care nu mai ajută pe nimeni.

Intrebare: - Cum te ierți cu adevărat — chiar și când ai făcut rău celor pe care îi iubești?

Raspuns: Mai întâi trebuie să *vrei*. Așa începe iertarea. Și pentru cei care o așteaptă doar din exterior... fii realist: Vrei *să* te ierți cu adevărat sau doar spui că nu poți? Dacă e atât de greu și găsești zece motive pentru care „nu meriți", atunci de ce ai ajuns să te gândești la iertare?

Iertarea nu funcționează când o îneci în vinovăție.

Dacă te învinuiești, nu treci pragul. Ca să te ierți, trebuie să lași jos *argumentele* care te fac să te pedepsești: „N-am avut de ales", „Sunt un monstru", „Nu merit compasiune". Dar hai să vedem lucrurile clar:

-Ai greșit față de ei sau față de tine?

-Ai vrut să le faci rău *intenționat* sau ai urmărit ceva ce *ție* ți s-a părut bun atunci?

-Poți schimba ce ai făcut? Nu. Dar poți schimba *ce te-a condus acolo*.

Unde e rădăcina?

în cauză sau în efect? Erai ok cu tine când ai acționat? Acum ești? Dacă nu, poate ăsta e primul semn că pedeapsa nu repară nimic.

De ce suferința nu e soluția:
Am învățat de mici că*greșeala = pedeapsă = suferință = corectie*. Și acum, ca adulți, credem că doar dacă suferim destul, vom fi „curăți". Dar dacă pedeapsa ar funcționa, n-am mai repeta greșelile niciodată.**Și totuși o facem.**
Atunci de ce continuăm? Uneori ne pedepsim pentru a le arăta celorlalți că „ne pare rău". Dar uită-te bine:
-Cei pe care i-ai rănit te ajută să te oprești din suferit, sau te lasă să te distrugi?
-Ei greșesc? Da. Toți greșim. Atunci de ce*ți*eți se cere să fii martir?

Iertarea nu e despre ei. E despre tine. Dacă ei aleg să te judece, asta nu definește valoarea ta. Poate că ai greșit, dar nu ești greșeala ta.

Cum treci la reconstrucție:
Scrie (dar nu trimite):
-Pune pe hârtie tot ce te doare — ce te-a motivat, cum te simți acum. Apoi arde-o. E doar pentru tine.
Fii aliatul tău:
-Întreabă-te:*Dacă un prieten ar fi făcut asta, i-ai spune să se urască toată viața?*Probabil că nu.

Acceptă că unele răni nu se vindecă complet
- dar asta nu înseamnă că trebuie să stai în ruina lor.

Avertisment de conținut: urmează descrieri de traumă/violență.
„Iertarea nu e o recompensă pentru "suficientă suferință". E un act de eliberare. Nu-ți cer să uiți ce ai făcut sau să minimalizezi durerea

altora. Îți cer să înțelegi că omorârea ta emoțională nu readuce lumina pe care ai simțit că ai stins-o. Poate că ei nu te vor ierta niciodată. Dar tu poți alege să nu mai trăiești în umbra judecății tale. Când suferința devine un monument, nu mai onorează pe nimeni — nici pe ei, nici pe tine."

2. A doua parctica

Oglinda conștiinței – Tu ești ceea ce vezi

1: Realitatea percepută – reflexia conștiinței interioare

Oamenii comunică prin simboluri asemănătoare, în medii asemănătoare. Când nu se înțeleg, nu este neapărat vina cuvintelor – ci a informației stocate și modelate diferit. În acest decalaj apare incoerența, conflictul, trauma. Dar, în profunzime, acea criză este catalizatorul unei transformări. Este o chemare la reconfigurare.

„Când apare incoerența ce duce la ceartă sau traumă, indivizii sunt obligați la update-uri informaționale pentru a rezolva criza."

Adevărata comunicare începe atunci când nu ne cramponăm de diferență, ci începem să ne refacem arhitectura interioară. A înțelege că două persoane pot locui în realități perfect valide, dar incompatibile, înseamnă a deschide calea către un limbaj comun mai profund: nu unul de cuvinte, ci de conștiență.

Realitatea nu este ceea ce se întâmplă în jurul nostru, ci ceea ce filtrăm și construim în interiorul nostru.

2: Scopul realității – adevărul nu este suficient

Realitatea nu este absolută – este contextuală și funcțională. Un lucru este „real" atât timp cât servește un scop. Dacă scopul dispare sau se transformă, realitatea își pierde sensul. Adevărul nu are valoare în sine – dacă nu produce echilibru sau creștere, devine dogmă, nu lumină.

„Dacă mă interesează mai mult prietenia sau locul de muncă, voi accepta o realitate ca fiind doar personală și nu o voi expune ca risc de alterare a dinamicii sociale."

Și poate cel mai profund punct: adevărul exprimat cu agresivitate nu este un adevăr evolutiv – este doar o formă subtilă de impunere.

„Cu ce mă ajută adevărul sau realitatea dacă mă duce la suferință?"

Adevărul este un cod doar dacă în el trăiește și o armonie funcțională. Altfel, produce dezechilibru și respingere. Realitatea coerentă nu este aceea care domină prin argument, ci aceea care creează echilibru și libertate.

„Mai mult mă interesează coerența echilibrului și bunăstării decât adevărul."

Aceasta este o ruptură de paradigmă: omul trezit nu mai caută „adevărul absolut" ci „adevărul coerent cu starea de bine și cu sensul."

3: Empatia și pericolul confirmării durerii

Empatia este o punte – dar nu un remediu în sine. Poți înțelege durerea altuia, dar dacă nu conții codul vindecării, nu faci decât să îl ancorezi mai adânc în propriul lui abis.

„Poți empatiza, dar dacă nu conții codul ieșirii din traumă, nu vei reuși decât să confirmi interlocutorului că ești de acord cu principiile ce au dezvoltat suferința."

Ajutorul real nu este consolare. Nu este nici acord, nici solidaritate în suferință. Este oferirea unei structuri informaționale capabile să transforme trauma.

„Ajutorul real nu vine nici din oglindire pasivă, nici din confruntare directă, ci din oferirea unui cod de ieșire."

Și totuși, acest cod nu poate fi impus. El devine activ doar în prezența unei alegeri conștiente:

„Dacă pe suferind îl interesează mai mult suferința ca monedă de schimb, nu va părăsi acel câmp informațional. Se va mulțumi cu efectele: mângâiere, înțelegere, lipsa responsabilităților."

Această distincție între *empatia care ajută* și *empatia care paralizează* este crucială. Nu e de ajuns să înțelegi. Trebuie să fii și purtătorul unei soluții.

4: Trauma – codul ascuns al evoluției
Trauma nu este o eroare de sistem – este o funcție a evoluției. Omul nu inventează din confort, nu se adună din liniște. El este structurat să răspundă la provocare.
„Geniile se nasc din traume."
Dilemele, durerile, conflictele – toate sunt mecanisme de învățare profundă. Nu am putea trăi fără traume? Ba da. Dar atunci nu am mai avea nevoie de evoluție. Am fi doar consumatori.
„De ce s-au dus oamenii în peșteri? De ce au inventat focul? Hainele? Telefonul? Pentru că se simt mai bine."
Dar „mai bine" nu e niciodată de ajuns. Și e bine că nu e. Pentru că „binele" constant ne-ar fi amorțit, nu luminat. Ceea ce numim „nefericire" este adesea doar semnalul unei limite care așteaptă să fie depășită.
„Trauma este un cod benefic. Doar că umanitatea nu l-a conștientizat. Și, în loc să o folosească, a devenit sclavul traumei."Aici se naște un nou cod etic: Trauma este necesară. Suferința, nu.

5: Suferința ca alegere – codul final de eliberare
Diferența între trauma care te eliberează și cea care te ține captiv este conștientizarea. Nu există suferință obligatorie. Există doar suferință acceptată.
„Nu putem face diferența decât prin constientizare și educație. De asta scriu aceste rânduri!"
„Umanitatea ar trebui să-și asume că suferința este un accept. Nu evenimentul mă face să sufăr – și nici măcar interpretarea mea – ci hotărârea mea!"

Aceasta este poate cea mai puternică declarație: suferința este o decizie. Evenimentul poate declanșa emoția. Dar între emoție și stare, este libertatea alegerii.

„Dacă omul ar conștientiza că el hotărăște starea, nu evenimentul, am avea cel mai bun cod educativ sustenabil, aplicabil la nivel mondial."

Acesta este, fără îndoială, codul central al capitolului. Un cod ce poate rescrie întreaga educație umană.

6: Adevărul fără echilibru nu vindecă

Dacă realitatea este un instrument, iar adevărul nu are valoare fără echilibru, atunci cum construim o realitate sănătoasă în jurul nostru? Răspunsul nu vine doar din logică, ci din **simțirea profundă a impactului colectiv al realității pe care o susținem.**

Am spus deja: adevărul nu este valoros în sine, ci prin **consecințele echilibrante** pe care le produce. Degeaba este demonstrat, rațional, logic, științific – dacă este perceput ca o impunere, el devine un instrument de excludere, nu de evoluție.

„Din păcate, demonstrările insuficiente ale adevărurilor – în mâinile grupurilor ideologice care dețineau puterea – au dus la impunerea lor prin lupte, constrângeri, legi, reguli și cel mai des: războaie."

Adevărul – oricât de bine argumentat – dacă nu este **resimțit de mase ca fiind în beneficiul lor colectiv**, va fi respins. Este valabil și pentru taxare, și pentru măsuri de prevenție, și pentru legi bine intenționate. Populația nu este niciodată de acord cu constrângerea, chiar dacă pare rațional benefică.

„Un adevăr este de folos în funcție de necesitatea maselor și a utilizatorilor – nu a administratorilor."

A construi o realitate sănătoasă înseamnă să construiești o **ecologie de semnificație** – în care adevărul este **nu doar exprimat, ci și acceptat ca necesar.** Semnele unei realități care ne susține:

-nu generează rezistență colectivă;
-produce sens și liniște interioară, nu doar eficiență;
-este validată prin **utilitate emoțională și socială**, nu doar prin logica puterii;
-este asumată, nu impusă.

Adevărul trebuie trăit, nu servit cu forța. O realitate sănătoasă este una în care **codul adevărului produce în mod spontan acord interior.**

7: Când ceilalți par să-ți facă rău – dar alegerea tot a ta rămâne

Interlocutor:

Bine... să zicem că pot alege starea.

Dar dacă ceilalți din jurul meu nu aleg — și continuă să mă rănească, să mă tragă în jos, să mă judece?

Cum aleg binele într-o lume care alege să fie rea?

Ce fac cu durerea care vine din exteriorul meu?

Autor:

Stai că te grăbești! Ai pus mai multe întrebări în una. Hai să le luăm pe rând. E treaba lor ce aleg ei. A ta e ce alegi tu.

Ei te rănesc? Să zicem că fac o acțiune sau mai multe, defavorabile ție, cu scopul de a-ți face rău.

Dar cine hotărăște starea ta? Ei — sau tu?

Cine e mai rău, de fapt, cu tine?

Cei care îți fac rău — sau tu, care alegi să te simți rănit?

Cine îi validează pe ei mai mult decât pe tine însuți?

Cine le dă lor mai multă importanță decât îți dai tu? Cine le validează feedbackul de care ai tu nevoie? Nu tot tu?

Nu e o anomalie? Ce vor judeca la tine? Ceea ce înțeleg — sau ceea ce nu înțeleg? De ce nu înțeleg? Pentru că nu trăiesc viața ta. De ce ai nevoie de feedback? Pentru că ești îndoielnic. Iar îndoiala asta te face ca propriile tale acțiuni să fie îndoielnice — și interpretările, la fel.

Dacă nu poți avea încredere în propria percepție a propriei tale vieți pe care chiar tu o trăiești, cum poți să te increzi în percepția celor care nu ți-o trăiesc? Problema e la ei sau la tine? Dacă dai vina pe ei, înseamnă că mereu vei aștepta ca ei să schimbe ceva. Și totul devine incert, instabil și interdependent. Dar dacă îți asumi că problema e la tine — atunci soluția ești tu.

A vorbi despre „alegerea binelui într-o lume rea"...Mai întâi trebuie să ne întrebăm: ce înseamnă „bine" și „rău"? Și pentru cine? E aceeași discuție ca despre „adevăr". Are aceleași coduri de soluționare. Să zicem că vrei să mergi la plajă. Și plouă. Cine hotărăște să fii trist? Ploaia — sau tu? Și hotărârea ta de a fi trist... schimbă cumva evenimentul? Dar dacă tu erai agricultor cu 100 de angajați, 100 de soții, 200 de copii, dintre care 20 au nevoie de tratamente — și ploaia e cea care salvează recolta, aduce bani, plătește salarii și cumpără medicamente...

Ei? Ce e bine acum? Să plouă — sau nu?

La fel e și cu mediul social.

De ce au plecat oamenii să lucreze în străinătate? De prea mult bine? Nu.

S-au adaptat.

Dacă nu poți suporta un rău — dezvoltă-ți propriul bine. Asta înseamnă sustenabilitate. Nu dependență de forme, condiții, oameni sau emoții care nu te mai hrănesc. Dar poate, uneori, pentru că nu ești pregătit pentru propria schimbare, îți este mai ușor să dai vina pe alții decât să-ți asumi neputința sau indecizia.

Interlocutor (în sfârșit, sincer):

...Asta a fost greu de înghițit. Dar e adevărat. M-am agățat de reacțiile celorlalți ca să-mi justific neputințele. Mi-am dat propria valoare prin ochii lor, și când nu am primit-o — i-am numit „răi". Dar de fapt, eram doar eu... neasumat. Și acum înțeleg:

Ceea ce vine din afară poate atinge. Dar ceea ce mă doare e alegerea mea.

Nu trebuie să schimb lumea. Trebuie să nu mai las lumea să decidă ce sunt. Aleg eu. Aici. Acum.

8: Cine sunt fără suferința mea?
Interlocutor:

...Să spunem că încep să aleg conștient.

Că nu mă mai simt rănit, că nu mai aștept validare, că nu mai dau vina pe lume.

Dar... dacă nu mai sufăr, ce mai sunt eu?

Nu mi-e frică de liniște.

Mi-e frică de gol.

De parcă, fără tot haosul din mine, nu mai am conținut.

Dacă nu mă mai identific cu ce m-a durut, ce rămâne?

Autor:

Exact asta e marea capcană.

Ai fost educat să te definești prin suferință.

Ți-ai scris povestea cu rană lângă rană, ca să demonstrezi că „ești cineva".

Și acum, când ești gata să fii altcineva — te sperie că nu mai știi „cine".

Dar adevărul e altul:

Tu nu ești gol. Ești doar neatins.

Ai confundat absența durerii cu absența sinelui. Dar e invers:

doar în liniște poți începe să simți cine ești cu adevărat.
Interlocutor:

Dar lumea e făcută din luptă. Dacă eu devin senin — nu devin slab?

Autor:

Lumea e făcută din ce alegi să observi în ea.

Iar seninătatea nu e slăbiciune. E dovadă că ți-ai recâștigat controlul. Uită-te la o sabie bine forjată. E tăcută. Nu țipă. Dar dacă e folosită — taie drept.

Interlocutor:
Și dacă, în lipsa durerii, nu mai atrag atenție? Dacă devin invizibil?

Autor:
Atunci vei atrage ce e real, nu ce e hrănit de milă sau vină.
Și vei descoperi ceva ce mulți n-au simțit niciodată:
Relații bazate pe libertate, nu pe suferință.
Oameni care te aleg pentru ce iradiezi, nu pentru ce sângerezi.
Și liniște care nu e gol — ci **spațiu viu.**
În proporție de 90%, suferința este doar imaginație fără rezultat concret. Ne imaginăm de sute de ori că moare unul dintre părinți, sau amândoi, că murim noi sau cineva drag. Și, în cel mai rău caz, oricum se poate muri o singură dată. Ne imaginăm fricile în măsura în care **nu avem potențialul de rezolvare.** Și astfel, **frica devine un antrenament.**

Dar dincolo de acele frici — tot ce e mai prejos e relaxare. Așa că da, **chiar și fără suferințe**, nu ne oprește nimeni să ne imaginăm conștient traume, frici, crize — pentru a dezvolta **soluții, înțelepciune și coduri de progres.**

Diferența este colosală:
-în conștientizare nu generăm adrenalină și alți factori biochimici care ne distrug sănătatea. Evoluăm, dar fără să plătim cu viața.

Interlocutor:
Deci pot rămâne viu, senin, și totuși să cresc.
Pot antrena frica — fără să mă ard cu ea.
Pot evolua din alegere — nu din lovitură. Nu sunt mai slab fără suferință. Sunt doar... mai liber.

Autor:

Exact. daca vrei, poti! daca te focusezi pe target, il atingi! daca te focusezi pe problematici, nu mai apuci targetul, pt ca ramai în propriati capcana! Este o lege de focalizare energetică, de direcție conștientă a voinței. Omul nu e lipsit de putere — e doar lipsit de direcție.Și dacă își pune lupa pe „ce nu merge", își topește energia în diagnostic, nu în soluție. Nu lumea te definește. Nu trecutul. Nu trauma. Nu frica. Ci alegerea pe care o faci acum.

Poți fi cel care suferă — sau cel care vede.

Poți fi cel care cere validare — sau cel care se validează prin claritate.

Poți fi cel care repetă rana — sau cel care deschide o cale.

Ai primit în acest capitol nu sfaturi, ci coduri. Coduri de ieșire. Coduri de resetare. Coduri de alegere.

Nu ai nevoie de permisiune. Nu ai nevoie să fii iertat.

Nu ai nevoie să te mai ții de ce te-a durut ca să ai o identitate. Ești viu. Și din acest moment, **ești conștient.** Ce vei face cu conștiința asta — este 100% alegerea ta.

Alege binele.

Nu cel ideal, nu cel promis.

Ci acel bine **pe care îl poți construi chiar acum**, în viața ta.Și din el... va începe restul.

Concluzie – Codurile din oglindă

Acest capitol nu este o simplă reflecție. Este o hartă vie. Un sistem de coduri informaționale revelate prin iulianisme și ancorate în experiența reală a conștiinței umane.

Am livrat:

- o redefinire a realității ca reflexie, nu obiectivitate;
- o repoziționare a adevărului ca echilibru, nu dogmă;
- o critică lucidă a empatiei pasive;
- o reintegrare a traumei ca funcție evolutivă;
- o revelație: suferința este o alegere, nu o fatalitate.

Capitolul 4

„Primul Pelerin" – chemarea care mi-a activat menirea

„Poate nu eram nimic, dar simțeam totul." Așa a început.
Așa începe adevărata menire: nu cu răspunsuri, ci cu întrebări care ard mai tare decât teama de a le pune. Cu o golire de ego în fața a ceea ce nu poți numi, dar nu poți ignora. Cu o smerenie care știe că nu deține adevărul, dar e dispusă să-l asculte.

1. Nașterea unei chemări

Aveam 16, poate 17 ani. Era la doi ani după Revoluție. Țara era în haos, dar eu... eram o sugativă aruncată în oceanul unei lumi pe care nu o înțelegeam, dar pe care voiam s-o îmbrățișez cu toată ființa. Absorbeam informație, energie, priviri, emoții – tot ce mă putea ajuta să înțeleg cine sunt. Dar nu știam. Încă nu știam. Simțeam doar că am ceva în mine. Ceva altfel, ceva care cerea să iasă. Simțeam că dacă nu ajut pe cineva, nu respir. Dacă nu alin pe cineva, nu exist.

„Poate era nativ... poate era rana mea care cerea compensație. Dar era real."

Alergam după oameni. Căutam suferința din oameni. Mă simțeam viu când o atingeam. Îi luam în brațe, puneam mâna pe rana lor, pe sufletul lor. Nu știam încă ce este medicina. Nu citisem psihologie. Nu era internet. Era doar ceea ce simțeam că trebuie să fac.

Și de multe ori, ce se întâmpla părea de neexplicat. Minuni, le numeau unii. Pelerini, dar și eu însumi, rămâneam uimiți. Și în mine locuiau mereu două ființe: una care făcea și una care încă se mira că face.

Primul pelerin conștientizat a apărut cam tot pe atunci. Era un domn care mă văzuse la niște cursuri de terapie susținute de o doamnă profesor care studiase în Marea Britanie și adusese în România concepte terapeutice noi. Eu eram un burete – absorbant și curat. Eram o oglindă, concavă și convexă în același timp: când pe recepție, când pe emisie.

2. Primul miracol – între realitate și revelație

Un bărbat m-a oprit pe stradă și mi-a spus simplu: „Veniți, vă rog... mama mea e la pat. E foarte rău. Nu mai știm ce să facem."

N-am stat pe gânduri. Mă simțeam deja chemat.

Am ajuns într-o casă modestă. Într-o cameră cu lumină slabă, pe un pat, zăcea o femeie cianotică, letargică. Avea cam 60 de ani. Trupul ei tăcea, dar sufletul ei urla. M-am așezat pe un scaun lângă ea și mi-am pus palma pe abdomenul ei umflat. M-am liniștit. Ea s-a neliniștit. A cerut fiului să-i aducă „sacoșa cu dosarele medicale". Și m-am trezit cu zeci de hârtii în brațe, pline de diagnostice pe care nu le înțelegeam.

„A fost primul moment în care m-am simțit rușinat în fața unui om suferind. Rusinat de nestiinta nu de neputiinta. Mi. am dat seama instantaneu ca indifferent cat de bine as fi reusit sa fac nativ, va trebui sa invat foarte multa medicina pentru a putea raspunde nevoilor pelerinilor. Oamenii indifferent de ce "minuni" ai manifesta au nevoie de raspunsuri logice, argumentate sfiintifice. și pana la urma nu era rau.... daca intelegeau logica, ce a devenit numit de mine "COD", il puteau folosi și cu alte ocazii personale cat sa. l impartaseasca și altor pelerine nevoiasi". N. am facut medicina dar am practicat terapii complementare alaturi de multi doctori și am aplicat voluntariat în sectia de pediatrie oncologica, și în sectia de recuperare pediatrica în două spitale diferite."

Asa ca n-am fugit. Am pus dosarele deoparte și am întrebat-o: „Ce te doare?"

„Am ciroză hepatică... mi s-au umflat picioarele... n-am mai mers de două săptămâni... nu mai pot merge la toaletă... nu mai dorm... mă doare totul... ajutați-mă!"

Zâmbeam, dar în mine se spărgea ceva. Am spus doar atât: „Am înțeles și am simțit tot ce era necesar. Nu ruga ta mă face să acționez mai mult, ci propria-mi ființă."

Am pus ambele mâini pe abdomenul ei. O oră. Fără cuvinte. Ea s-a liniștit. A prins culoare. Mă privea. Zâmbea.

Și i-am spus: „Dacă vrei să trăiești, trebuie să-ți demonstrezi asta. Diseară, ieși afară 10 minute sa te plimbi. Mănâncă ceva ușor. Dormi. Iar mâine dimineața – din nou afară. Arată-i corpului că ai nevoie de el."

M-a privit nedumerită: „N-am mai dormit de durere... n-am mai mers... n-am mai mâncat... "

Am privit-o cu blândețe: „Atunci încearcă să trăiești până mori. Dacă nu faci ce ți-am spus, nu mai vin. Eu nu mă ocup de morți. Preotul face asta." Am sărutat-o pe frunte și am plecat.

A doua zi, fiul ei m-a căutat: „Mama a dormit. S-a plimbat. A mâncat. A fost la toaletă. Nu o mai doare nimic. Vă așteaptă cu sufletul la gură."

Am încremenit. „Eu? Eu am făcut asta? Ce vrea Dumnezeu de la mine?"Nu aveam încă răspunsuri. Dar simțeam că tocmai am deschis o ușă spre o altă viață. Si da, din momentul ala am trait două vieti, una cu pelerinii și "minunatiile" ei și una cu mine.

Am revenit. Pelerina mă aștepta la marginea patului, zâmbitoare: „Uitați, domnul meu. Pot merge! Am făcut tot ce mi-ați spus. Nu mă mai doare nimic. Sunteți o minune."

Două voci se luptau în mine: una care nu credea ce spunea ea și alta care mă avertiza să nu devin mândru. Dualitatea m-a însoțit ani la rând. Și încă mă însoțește. Dar o accept acum. E protecția mea. Codul meu intern să rămân smerit.

Terapia a mai continuat două zile. Apoi pelerinul a devenit sustenabil. Își făcea singură mâncare, curățenie, mergea la piață. Era fericită. A vrut să mă plătească. Mi-a fost rușine să iau bani. I-am zis: „Mai trec şi mâine să văd cum sunteţi. Îmi daţi atunci ce vreţi să-mi daţi azi."

Ma platise Creatorul cu fericirea menirii dobandite. Ma simteam implinit intru totul, rusinat şi smerit în Dumnezeire.

Bucuria din sufletul meu era plata pregătită de simbioză. Orice ban ar fi diminuat darul primit. Darul de a ajuta un muribund.

Am plecat...

Câteodată, vindecarea nu vine din ceea ce ştim, ci din ceea ce suntem dispuşi să nu ştim. În acea cameră, nu am dat o lecţie, am primit una: că uneori, tăcerea e singura terapie care poate spune totul. Mâinile mele nu erau instrumente, ci promisiuni. Iar pelerina nu a fost vindecată pentru că am ştiut eu ceva, ci pentru că a crezut că poate fi. Mintea ei s-a pregatit de vindecare!

La două zile, fiul m-a căutat cu un plic din partea ei. I-am spus: „A plătit Dumnezeu pentru doamna, mama ta."...şi asa am plutit multe zile pe fericirea rezultata din fapta.

3. Lecţia din singurătate – vindecarea cauzei

Au trecut trei luni de la primul pelerin....

Într-o dimineaţă, fiul pelerinului mă caută din nou: „Domnul Iulian, vă rog... mama iar e în colaps."

Mi. a aparut instant indoiala "ce n. am facut bine? Oare am sa mai pot odata? daca nu e menire? Daca m-a pedepsit Dumnezeu? Daca m-am increzut şi am decazut ". O mie de intrebari, toate asumate. Mai tarziu, dupa multi ani am constientizat ca oamenii meritorii isi pun mereu aceste intrebari, pentru ca le pasa.

M-am dus...

Era exact ca la început. Am luat-o de mână: „Ce ai făcut? Spune-mi adevărul, ca să vad cum pot să te ajut."

I-a fost ruşine să mă privească. Am strâns-o în braţe. Am sărutat-o pe frunte: „Hai, curaj. Spune tot din tine."

Şi a început... „A fost totul minunat. Dar fiul meu a plecat.

M-am simțit singură. Soțul a murit de mult. Singura mea alinare era fiul. După ce m-a văzut bine, a plecat în viața lui. Am rezistat o perioadă, dar singurătatea și dorul m-au doborât. N-am mai mâncat, n-am mai avut putere."

Atunci am înțeles: suferința emoțională e cea mai grea boală. Mai grea decât orice diagnostic.

Unii oameni preferă moartea singurătății decât viața în izolare. Sufletul ei a găsit o cale: să se îmbolnăvească pentru a-și aduce fiul lângă ea.

Atunci mi. am dat seama ca este insuficient sa ridici un pelerin de jos daca nu-l inveti sa nu mai cada.

Boala era doar efectul și poate uneori medicina te ajuta considerabil pana la revenire totala, alteori poate te ajuta o rugaciune, alteori o alta terapie alternativa și alteori poate o mangaiere și o imbratisare. Functie de cauza, care de multe ori e ascunsa constient sau inconstient de insasi pelerin inauntrul lui, adanc, pentru a durea mai putin sau pentru a nu fi vazuta de cei dragi.

Am început să vorbesc altfel:

„Doamnă, am înțeles și simt. Dar vreau să vă întreb ceva sa stiu cum sa rezolv problema. am nevoie de coerenta informationala pentru a face liniste. Asadar, ati spus că vă e dor de fiul dumneavoastră. Corect? Dacă trăiți, îl puteți vedea de sute de ori. Corect? Dacă muriți, nu-l mai vedeți niciodată. Corect? Și spuneți că-l iubiți. Corect? Dar dacă muriți, ii provocați suferință. Corect? Ce fel de iubire e aceea care naște durere în cel iubit?"

Avertisment de conținut: urmează descrieri de traumă/violență.

S-a cutremurat. S-a uitat lung la mine. A scăpat o lacrimă. Și-a pus capul în palme. „Ufff... Doamne... nu m-am gândit la asta! Toate. s corecte, dar nu stiu de cee u am ales sa sufar? Ce păcat era să fac! Da... mi-aș fi dat viața pentru o zi cu fiul meu. Dar viața mi-a dat sute de zile cu el."

S-a ridicat. A mers spre fiul ei. L-a privit şi a spus: „Iartă-mă. Te iubesc. Sunt bine."

Şi a fost bine.

Am plecat de la pelerin cu două daruri: o umilinţă care mă făcea să învăţ, şi o bucurie care mă îndemna să dau mai departe. Aşa am înţeles că adevărata vindecare nu se moşteneşte — se însămânţează

Aşa am învăţat: rana fizică era doar o carte deschisă pe pagina suferinţei emoţionale. "Vindecarea adevărată începea când citeam între rânduri."

3. Povestire intermediara. O mână ridicată – când curajul vindecă ruşinea şi primesti fericirea

"Imi aduc aminte de un eveniment emblematic în viata mea. Pe la 31 de ani am fost la o piesa de teatru organizat de studentii de la Facultatea de Teatru din Iasi. Era foarte mult monolog personal. Un suflet-actor ce. şi plangea viata cu argumentele ce le avea la indemana. La un moment dat pentru ca nimeni nu reactiona "a iesit" din personaj şi a intrebat... "ce? voi nu suferiti? Nu ati suferit niciodata? Sa ridice mana sus toti din sala care şi. au droit macar o data sa moara!". Am incremenit! daca aveam o mie de maini le ridicam pe toate odata. Nu m. am putut misca. M. am uitat în sala. Sala plina cu masti nu cu oameni! NIMENI nu a ridicat nici o mana. As fi ridicat repede, dar nu voiam sa par penibil pe de o parte şi pe de alta parte sa nu para ca vreau sa ies din tipare, sa nu para snobbism sau lauda. Asteptam un "asociat" al suferintei.... dar nimeni. Nu aveam curaj sa ma arat. Dupa cateva momente se ridica o mana firava dintr. o loja. Abia se intrezarea în intuneric. Proiectorul salii s. a fixat pe acel suflet. Mi. a alunecat o lacrima instant pe obraz şi un strigat interior " NU SUNT SINGUR! " şi am ridicat mana şi, i faceam din mana acelei copile care nu avea mai mult de 17 ani, ca şi cum voiam sa strig la ea:"NU ESTI SINGURA! SUNTEM IMPREUNA!". Tanarul actor s. a asezat în genunchi inspre ingerul de față și i. a spus... "FELICITARI! NU MAI ESTI SINGURA!". Eram singurii cu mana sus validand ca ne. am droit moartea în aceasta viata, dar în acel moment eram cei mai fericiti oameni de pe pamant .... ne. am dat seama ca mai sunt multi ca noi dar nu stiam. Ceilati spectator au ramas cu mana jos ...ei nu și. au droit niciodata sa moara, dar azi, acum, noi cei doi cu mana sus.... un copil ce mi. a dat curaj și eu eram fericiti!"....

În sala acela, am învățat că singurătatea nu e lipsa oamenilor, ci teama de a fi văzut. Copila care a ridicat mâna nu a rupt doar tăcerea — a rupt și iluzia că suferința mea era unică. Iar când am ridicat și eu mâna, nu am validat doar durerea ei, ci mi-am dat voie să fiu vulnerabil în fața întregii lumi. Asta e puterea comunității: transformă rușinea în curaj prin simpla existență a celuilalt.

5. Când consumăm mai mult decât ne-a dat Creatorul

Am constatat ca ruperea, suferinta și boala apar mai mereu atunci cand consumam resurse mai mult decat avem. în orice dinamica cand apare oboseala -e semnul ca trebuie sa ne odihnim, cand apare neputiinta -trebuie sa ne interim, cand apare frustrarea – nu e locul nostrum acolo. Daca nu invatam sa ne mentinem echilibrul interior și consumam din rezervele de suprvietuire și nu din cele suplimentare e clar ca urmeaza trauma. Interesant este ca mereu simbiotica ne ofera exact ce avem nevoie, Invatand sa utilizam, sa manageriem și sa conservam resursele ele devin preventie pentru trauma.

Dar cum știm când trecem de limita noastră? Nu prin semne externe, ci prin cele interioare: când începem să resentim că „a da" devine o povară, nu o bucurie. Când îți pierzi răsputerile în loc să le reîncarci. Când te trezești că oferi sfaturi pe care nu ți le-ai aplicat niciodată. Acestea sunt momentele în care universul ne șoptește: «Ai uitat să trăiești pentru tine, nu doar prin alții. »

Suferința nu este întâmplare. Este ecou.

Este consecința subtilă, dar exactă, a unui dezechilibru energetic, emoțional, biologic sau spiritual.Iar ruperea, în oricare formă ar apărea — burnout, boală, depresie, conflict, alienare — nu este decât semnalul ultim că am consumat mai mult decât am primit.

Am luat din viață mai mult decât ne-am învățat s-o onorăm.

Am cerut din iubire mai mult decât am fost pregătiți să oferim.

Am tras de noi mai mult decât ne-a fost dat să ducem.

Creatorul, în simbioza sa perfectă, ne-a echipat cu tot ceea ce avem nevoie pentru a fi vii, funcționali și împliniți în interiorul limitelor noastre naturale.Ne-a dat măsură: a inimii, a timpului, a efortului, a dorinței, a somnului, a emoției.

Dar omul modern, rupt de simțirea sa interioară, a început să creadă că măsura e slăbiciune.Că limita e piedică. Că oboseala e un duşman. Că dorința e nesfârșită.

Şi a început să ia. Să forțeze. Să ignore. Aşa a apărut suferința ca avertisment. Nu pentru că Dumnezeu pedepseşte. Ci pentru că viața reglează.Viața n-are preferințe, dar are legi. Şi una dintre ele este clară:

Ce e rupt din armonie, va fi întors spre armonie. Iar întoarcerea, de cele mai multe ori, doare. Oboseala este rugăciunea corpului pentru pauză. Frustrarea este revolta sufletului că nu-și trăieşte menirea. Boala este semnul că organismul tău n-a fost locuit de tine, ci folosit. Epuizarea nu vine pentru că faci prea multe, ci pentru că le faci fără să fii aliniat cu tine.Când consumi din ceea ce nu-ți aparține -din rezerva de urgență a vieții tale — te apropii de punctul de criză.Este ca şi cum ai mânca proviziile destinate iernii în plină vară, fără să ştii că iarna e mai lungă decât crezi.Sau ca şi cum ai arde lemnele casei ca să te încălzeşti pentru o zi.

A trăi simbiotic înseamnă să trăieşti în ritm. Ritmul Creatorului este întotdeauna suficient. Este blând, dar neobosit. Generos, dar nu

risipitor. Te încarcă în același timp în care te cheamă să dăruiești. Dar omul care nu ascultă ritmul, va auzi altceva:
-un țiuit al minții, o frică de viitor, o durere în corp, o goliciune inexplicabilă.

Semn că a consumat din el mai mult decât și-a dat voie să trăiască. Semn că trăiește în afara harului care i-a fost alocat. Nu e o rușine să te oprești. Este sacru. Este rugăciune în actul tăcerii, când spui:

„Până aici am luat. De acum învăț să primesc în echilibru."

Când trăiești în limitele date de Creator, nu vei fi niciodată rupt.Pentru că acele limite sunt granițele sigure ale unei ființe infinite în interior, dar finite în întrupare.

Acolo, în echilibru, este adevărata libertate.

6. De la salvator la educator – eliberarea prin sustenabilitate

Aceasta este povestea primului pelerin. El nu a venit la mine pentru a fi vindecat. A venit ca să mă nasc.

Așa s-a născut în mine adevărata menire. Nu prin știință, ci prin iubire. Nu prin tehnică, ci prin simbioză. Nu prin voință, ci prin chemare.

Acolo, în acea cameră tăcută, s-a făcut primul pas dintr-un drum care nu avea să mai fie doar al meu. Pelerina nu a fost doar o femeie în suferință – a fost porțile deschise ale unei chemări vechi, uitate și reaprinse în mine. Ea a fost începutul unei rețele vii de destine care aveau să mă caute, să mă strige, să mă cheme din adâncurile durerii lor. Într-o lume care trata simptome, eu aveam să învăț să ating cauza. Într-o lume care separa trupul de suflet, eu aveam să le reuneasc.

Acea întâlnire a fost dovada că simbioza nu este doar o teorie universală – este un contract nescris între nevoia cuiva de a fi salvat și alegerea altcuiva de a-și oferi ființa ca pod peste abis. Eu eram acel pod. Și de atunci, în mine nu mai era loc de îndoială. Nu mai aveam voie să trăiesc doar pentru mine. Între mine și lume se deschisese o poartă prin care aveau să vină mii de suflete. Pelerini ai propriei suferințe. Și eu, chemat să fiu acolo. Să conțin. Să traduc. Să echilibrez.

Așa s-a născut simbioza în forma ei umană. Într-un adolescent fără titluri, dar cu o inimă care învățase să audă ce nici un aparat nu putea detecta. Așa s-a născut menirea mea: nu de a vindeca, ci de a trezi în ceilalți dorința de a se vindeca singuri. Iar primul pelerin a fost prima verigă dintr-un lanț viu de chemări care aveau să-mi definească existența.

Din trauma ei s-a nascut necesitatea din mine, menire în simbioza pelerin -indrumator-univers!

De trauma ei au beneficiat mii de oameni prin cee ace am devenit pentru ei prin "sacrificiul" temporar al acestui pelerin? e bine? e rau? tot ce am invatat cu totii din traume a devenit hrana pentru toti oamenii ce i-am intalnit în viata noastra. Asta e simbioza ce o explicam în A DOUA CARTE

Mereu suntem pusi în față scolarizarii în simbioza. Unii dintre noi o invatam pe pielea noastra pentru a o preda multora cu scopul de a preveni suferintele lor ce le. am trait noi.

Daca le inveti de la cei ce le. au trait și rezolvat nu mai trebuie sa suferi sit u! asa ca cititorule, te gasesti în două variante, una în care te asemuiesti cu mine și nu te mai simti singur și una în care va trebui sa inveti din experienta mea pentru a nu o trai.

7. Tranziția de la putere la împuternicire

Am fost ani la rand imbatat de rezultate, pana am invatat sa nu. i mai fac pe pelerini dependenti de mine, sa. i fac sustenabili.

La inceput e foarte frumoasa lichioarea ce te imbata ca tu esti cel ales, dar cu timpul aceasta se transforma uneori în trufie și mai apoi în decadere și suferinta. Suferinta pentru ca te simti responsabil, dincolo de menire, de rezultatul terapiei. și cum culegi laurii succesului, iei și dezamagirea insuccesului! și nu e o pedeapsa. E tot o reglementare simbiotica: e mai important sa faci mii şi milioane sau miliarde de oameni sa fie sustenabili prin educatie (de aceea am generat cele 3 carti) decat sa fii permanent responsabil de oameni. Iar o necessitate de-a mea," de a fi liber ", în sfarsit, sa-mi traiesc şi propria-mi viata cat oi mai avea, a generat ca solutie tocmai ceea ce scriu şi citesti tu acum!

Primul pelerin m-a vindecat de îndoială. Şi m-a născut pe mine, cel care urma să devin. Dar s. a nascut şi responsabilitatea ce a fost foarte grea pe umerii şi sufletul meu, pana m-a coplesit, şi atunci am invatat ca trebuie sa-mi asum doar prelungirea simbiotica universala, prin menire, nu şi viata. Se spune: "AJUTA-TI APROAPELE CA PE TINE ISATI", dar nu scrie nicaieri sa. i ajutam mai mult decat pe noi insine!

Menirea nu inseamna doar sa ajuti, ci sa şi indrumi. Ajutand mereu inveti pelerinii sa ceara ajutorul şi raman dependent. Indrumandu-I, ei devin viitori indrumatori şi perpetueaza simbiotic menire. Le dau peste pentru hrana, dar lc dau şi undita pentru a invata sa pescuiasca, astfel devin sustenabili. Iar cei ce nu vor sa pescuiasca le iau resursele, nu drept pedeapsa, ci pentru a stimula necesitatea supravietuirii prin propriile puteri.

Adevărata măsură a succesului nu e câţi oameni ai „salvat", ci câţi au învăţat să se salveze singuri. Un terapeut e ca un gradinar: nu poate trage planta din pământ ca să poata să creasca mai repede, dar poate să-i ofere apă, lumină şi un sol bun. Restul îi aparţine ei. Iar când o vezi înflorind, îţi aminteşti că menirea ta nu a fost să-i dai viaţă, ci să-i aminteşti că o are deja

8. De la înţelegere la întrupare – Fericirea ca stare activă, nu ca destinaţie"

Suferinţa a fost explicată, decodificată, expusă în rădăcinile ei. Fericirea a fost recunoscută ca o alegere, nu ca o întâmplare. Însă între cunoaştere şi viaţă există un pas pe care puţini îl fac:

întruparea. Să știi că suferința e o alegere nu te scutește de ea. Dar să acționezi ca și cum nu ești obligat s-o porți, te eliberează.

Fericirea, în acest context, nu este o stare statică de mulțumire, ci o mișcare interioară constantă de reconfigurare a perspectivei. Nu e un premiu, ci un mod de a merge. Nu e liniștea fără valuri, ci abilitatea de a dansa chiar și în mijlocul furtunii.

Alegerea conștientă a fericirii nu este un refuz al durerii, ci o transcendență a ei. O integrare. O decizie de a trăi fără a fi trăit de suferință. Iar în această alegere, omul devine liber. Nu pentru că i s-a dat ceva, ci pentru că și-a asumat că nu i se mai ia nimic.

9. Concluzie – Simbioza începutului

La finalul acestei povestiri, ceea ce a început ca o simplă întâlnire cu suferința a devenit certificarea unei misiuni. Am înțeles că fiecare ființă pe care o atingi, dacă o faci cu iubire, devine o oglindă care îți arată cine ești cu adevărat. Primul pelerin nu a fost doar pacientul meu, ci inițiatorul unei noi vieți. Și de atunci, fiecare suferință atinsă cu mâna și cu inima a fost o piatră de temelie în construirea unei lumi în care simbioza nu mai este o alegere, ci o necesitate. Această carte este recunoștința mea pentru acea femeie necunoscută, care m-a născut din suferința ei, pentru ca eu să pot fi viață pentru alții.

Primul pelerin nu a fost doar un bolnav. A fost un profesor. A fost cel care m-a învățat că vindecarea nu este un scop, ci o trecere. Că adevărata menire nu e să salvez pe cineva, ci să-l învăț să nu se mai piardă niciodată. Și poate de aceea, chiar și acum, când privesc înapoi, nu-mi amintesc chipul lui. Îmi amintesc doar lecția: că nu sunt eu vindecătorul, ci canalul. Și că a iubi înseamnă a lăsa pe celălalt să devină liber, nu dependent. Primul pelerin a fost o sămânță aruncată în pământul menirii mele. Din ea a crescut un copac ale cărui rădăcini sunt durerile ascultate, iar ramurile — oamenii învățați să respire singuri.

Aceasta nu este o carte scrisă din minte, ci din cicatrici. Și dacă o citești până la capăt, nu doar mă vei cunoaște pe mine sau pe pelerinii mei, ci te vei recunoaște pe tine – în ceea ce ai trăit, ai tăcut sau n-ai avut curajul să spui nimănui. Aici ești acasă.Astfel am înțeles: nu era doar pelerinul cel care se ridicase, ci și eu. În el mă născusem din nou, ca terapeut, dar mai ales, ca om.

Și acum, cititorule, te întreb: unde ești tu în această poveste?

Ești pelerinul care caută un semn, educatorul care învață să lase oamenii să plece, sau spectatorul care abia acum își ridică mâna în întuneric?

Ori poate ești toți trei, la rândul tău, așa cum am fost eu. Indiferent de răspuns, ține minte: fiecare suferință pe care o asculți devine o sămânță. Fiecare mână pe care o iei în ale tale e o undiță. Iar fiecare lacrimă pe care o împarți e o ploaie care va crește un copac într-un pământ pe care, poate, nu-l vei vedea niciodată.

Dar copacul va exista.Și asta e de ajuns

REFLECȚII ȘI LECȚII PENTRU DEZVOLTARE PERSONALĂ

NOTĂ ȘTIINȚIFICĂ (pe scurt)
-PNI (psiho–neuro–imunologie): stresul cronic menține cortizolul și inflamația; decizia clară + co-reglarea (prezență liniștită) reduc reactivitatea simpatică.
-Nervul vag / parasimpatic: respirația egală 4–4, contactul vizual benevolent și atingerea sigură cresc tonusul vagal → scad frecvența cardiacă și tensiunea internă.
-Iertarea interioară ≠ negație: scade ruminația, reduce hiper-reactivitatea amigdalei și permite cortexului prefrontal să reevalueze; iertarea nu implică întoarcerea în relații nesigure.
-Co-reglare și siguranță socială: relațiile sigure cresc variabilitatea ritmului cardiac (HRV) și capacitatea de autoreglare; comunitatea

funcționează ca „baterie externă" pentru sistemul nervos.
-Micro-gesturi somatice: apă, mers 10 minute, duș cald, ancorare senzorială — utile pentru ieșirea din blocaj (freeze) sau hiperactivare (fight/flight).
-Chemarea apare înaintea cunoașterii; smerenia te ține în adevăr.
-Prezența liniștită (și tăcerea) vindecă mai mult decât explicațiile lungi.
-Vindecarea este relație, nu „truc": doi oameni care își dau voie să fie văzuți.
-De la a salva la a împuternici: sustenabilitatea este forma matură a iubirii.
-Limitele nu sunt lipsă de compasiune; sunt condiția unei compasiuni sănătoase.
-Simbioza: să primești când ai nevoie, să dăruiești când poți (fără să te risipești).

CODURI DE CONȘTIINȚĂ ACTIVE ÎN ACEST CAPITOL

1.6 – Prezența Transformatoare (a rămâne, nu doar a interveni).
1.5 – Comunitatea Vindecătoare (co-reglare, nu izolare).
1.2 – Simbioza (echilibru între a primi și a oferi).
1.4 – Recunoașterea (adevărul fără rușinare deschide calea vindecării).
2.15 – Integrarea umbrei (nu neg, ci asum).
3.20 – Nu e nevoie să suferi ca să fii iubit (demontarea credinței punitive).
4.21 – Exercițiul nu vindecă. Decizia o face (ajunge, aleg altceva).
4.23 – Alegerea conștientă (mă opresc din fugă, respir și aleg).
6.31 – Simbioza în criză (când cad, mă sprijin în relații vii).

ÎNTREBARE CĂTRE CITITOR

-Unde simt chemarea, dar încă ezit din teamă sau rușine?

-Ce aleg să nu mai tolerez în felul în care răspund durerii mele?
-Pe cine încerc să „salvez" ca să nu mă uit la mine – și ce pot învăța în loc?
-Ce limită concretă pun în 24h (un gest observabil)?
-Cui îi cer sprijin ca să rămân prezent când mi-e greu?
-Care întrebare îmi tot vine în minte, dar nu am avut curajul s-o pun cu adevărat?
-Ce parte din povestea acestui Pelerin seamănă cu ce am trăit eu?

MICRO-PRACTICĂ (2–5 minute)

-Scrie o propoziție: „Aleg să nu mai tolerez [X]" (un tipar, o evitare, o auto-minciună).
-Trimite un mesaj simplu cu o limită sau o nevoie („Am nevoie de…", „Nu pot azi…").
-3 minute de respirație egală (4–4) repetând: „Sunt aici. Nu fug."
-Alege un micro-gest de împuternicire: 10 minute de mers, o masă ușoară, un duș cald, apoi somn.
-Notează un nume: persoana la care vei apela data viitoare (martor benevolent).

CAPITOLUL 5

DARUL CARE TE PEDEPSEȘTE DACĂ ÎL REFUZI

După întâlnirea cu primul pelerin, viața mea a continuat, aparent, ca a oricărui om din perioada post-decembristă. Părinții și fratele meu au început o mică afacere — un boutique de cartier cu alimente și lucruri necesare casei. A prosperat rapid, transformându-se într-un mic en gros de băuturi răcoritoare și alcoolice. M-am alăturat și eu, atras de mirajul antreprenoriatului din acea epocă, într-o Românie în care inflația era uriașă, dar munca era, încă, răsplătită. A venit și vremea armatei. Timp de un an, am fost la București. Acolo, fără să-mi propun, am devenit terapeutul unității militare. Ajutam pe toată lumea — de la soldați la comandanți. A fost o perioadă frumoasă, pentru că simțeam că sunt util și aveam o libertate care îmi făcea bine. Dar, odată întors acasă, m-am întors și la afaceri, abandonând aproape complet partea terapeutică. Eram tânăr și, ca mulți alții care nu avuseseră mare lucru în timpul comunismului, încercam să compensez toate lipsurile imaginare. Terapia căzuse pe plan secund. O mai practicam doar la rugămințile insistente ale unor cunoscuți. Până într-o zi.

Un părinte a venit la magazin cu un copil de trei ani, care nu mai vorbea. Auzise de mine. Simțeam că pot să-l ajut. Am pus mâinile la urechile copilului și am stat așa vreo 30 de minute. A doua zi au venit din nou. Am repetat. A treia zi, părinții mi-au spus că băiatul a scos primul sunet după un an de tăcere. Mi-am urmat instinctul, fără să înțeleg rațional ce fac. Dar știam, pur și simplu, că acel copil nu mai auzea — și de aceea nu mai putea vorbi. Într-o săptămână, și-a recăpătat auzul și vocea.

Era anul 1996. Medicina românească avea doctori excelenți, dar nu era aliniată la descoperirile occidentale, nici ideologic, nici tehnologic. Copilul suferea de o problemă acustică nediagnosticată.

L-am dus împreună cu tatăl lui la medicul pediatru. A fost bucuros de progres. Un CT a confirmat problema și s-a putut interveni. În zilele petrecute prin spital, părintele copilului a răspândit vestea că „am vindecat" băiatul. Așa se face că, în scurt timp, pe holurile spitalului, părinți cu copii bolnavi mă căutau să-i ajut. Nu făceam nimic spectaculos. Puneam mâinile. Și totuși, ceva se întâmpla. Sufereau. Mă chemau. Simțeam.

Directorul spitalului, un medic gastroenterolog, a aflat. M-a chemat în birou. Aveam 22 de ani. Era respectuos, dar sobru. Nu mă întreba ce fac, ci cum fac — și nu pentru că nu știa, ci pentru că nu înțelegea. Nici eu nu înțelegeam. Doar puneam mâna acolo unde simțeam. Am făcut o înțelegere verbală: să aleg câțiva copii, iar el să observe ce fac, cu acordul părinților. După o săptămână de terapie — care consta doar în a pune mâinile pe zonele afectate — s-au constatat îmbunătățiri clinice peste ceea ce reușiseră tratamentele medicale. Directorul era uimit. M-a chemat din nou. Luasc o decizie: să mă angajeze, cu acordul Ministerului Sănătății. Aveam permisiunea să lucrez doar cu copiii în recuperare. Mi-a oferit un cabinet în policlinica spitalului.

Rezultatele erau semnificative. Dar, fiind tânăr, nu înțelegeam sistemul. Medicii din policlinică începuseră să profite. Nu ceream bani, eram încadrat ca un rezident. Până într-o zi când am văzut un părinte plătind un medic pentru „terapia" pe care eu o făceam copilului. Am întrebat. Atunci am aflat: nu îi plătea pe ei, ci pe mine — prin ei. Iar eu nu știam nimic.

Am fost devastat. Nu pentru că nu primeam bani, ci pentru că darul meu devenise obiect de exploatare. Nu am știut cum să gestionez. Nu am pus în balanță binele real al copiilor cu durerea morală pe care o simțeam. M-am concentrat pe minciună, pe hoție și am plecat.

Am revenit la comerț. Terapia a devenit tranzitorie: 20-30 de pacienți pe an. Am pierdut de trei ori tot ce aveam. De fiecare dată, casă, mașini, stabilitate. În 2008, m-a prins criza mondială în plină construcție de locuințe. Criza m-a băgat în datorii de peste 250. 000 euro, cu trei copii în grijă și casa ipotecată la bancă, pe care am și pierdut-o.

Eram terminat, eram praf, dezamăgit, disperat. Eram jos... acel jos de tot... fără speranțe. Fără bani pentru curent sau gaze, pentru strictul necesar al copiilor. Știți filmul Cinderella Man? Cam așa mă simțeam. Noroc că filmul apăruse în 2005, înainte de criză, și mi-a dat un element de stimulare.

Ca și comercianți, te mai ajuți când pică unul sau altul, dar când pică toți, nu mai găsești ajutor. Toți eram praf. Din această criză, căutam soluții. La ce eram bun? Aveam 32 de ani. Mi-am adus aminte că am practicat atletismul. M-am apucat să caut bareme la săritură în lungime pentru campionatul mondial. M-am verificat. Eram binișor. Am scris la comitetul olimpic român. Normal că nu am primit răspuns. M-am simțit dat la o parte. Dar revelația nu avea să fie revelație fără suferință, frustrare și suferință pentru a dezvolta și mai mult empatia.

În acea perioadă de criză, suferința mea era ca un ecou al traumelor colective pe care le văzusem la pelerinii mei. Trauma financiară nu era doar o pierdere materială, ci o rană a sufletului, o criză de menire care mă întreba: „De ce alergi după ceea ce nu-ți umple inima?" Universul părea să-mi spună că darul Lui Dumnezeu este pentru umanitate, nu pentru mine. Era un imbold să revin la menire, la simbioza cu cei suferinzi, la vindecarea prin iubire. Fericirea nu era în bani, ci în omenie, în bucurie împărtășită, în darul gratuit care devine revelație pentru alții. Criza era o revelație, un strigăt al Creatorului: „Eliberează-te de iluzii, suflet drag!"

Preotul Carp a fost ca un far în criză, o prezență ce radia omenie și bucurie. În acel moment de suferință, simțeam că trauma mea era o chemare a Creatorului. Revelația urma să vină prin dialogul lui, prin simbioza dintre frustrarea mea și înțelepciunea lui. Fericirea nu era în bani, ci în menire, în vindecarea prin iubire, în sustenabilitate spirituală. Universul mă ghida spre o autonomie decizională, spre a alege darul gratis ca dar pentru ceilalți.

Într-o zi, fără bani de curent și gaz, fără soluții, mi-am luat curaj și m-am dus la preotul Carp. Era biserica la 30 de metri de casa noastră. I-am povestit tot. Nu s-a mirat. M-a ascultat calm. Apoi m-a întrebat: — Iulian, dar tu nu vindecai oameni? — Ba da, părinte... dar ce legătură are cu toate astea? — Toate! De ce nu te ocupi de oameni? — Păi... și cu ce mă ajută financiar dacă vindec oameni? Ei vin, îi ajut, pleacă. — De ce nu le ceri bani? — Ce fac eu e darul lui Dumnezeu! L-am primit gratuit, cum să cer? Părintele a zâmbit. A strigat la Vasile, un pictor aflat pe schelă: — Vasile, coboară te rog! A coborât. Părintele l-a întrebat: — Cine ți-a dat darul de a picta? — Dumnezeu, părinte. — Și l-ai primit gratuit? — Da. — Atunci de ce vrei să fii plătit? Vasile a tăcut. Apoi a început să explice: părinte, am nevoie de bani să cumpăr pensule, mâncare la copii, haine. Părintele l-a oprit și s-a întors spre mine: — Ai înțeles, Iulian? Am înclinat capul. Înțelesesem. Dar sufletul nu se împăca. Am zis: — Părinte... dacă îmi dați dezlegare, o fac. M-a privit cu blândețe și mi-a spus: — Nu eu îți dau dezlegare. Dumnezeu ți-a dat darul. Dacă nu erai ce ești, nu ți l-ar fi dat. Tu doar dăruiește. Lasă-i pe oameni să se îngrijească de tine, cum tu te îngrijești de ei. Așa se naște omenia. În simbioză, în unitate. Nu e vorba de tine. E vorba de ei. Tu doar transmiți. Apoi m-a sărutat pe frunte: — Mergi cu Dumnezeu. De azi, nu vei mai fi singur. Vei fi mereu cu Dumnezeu care va lucra prin tine. Nevoia ta e urletul suferinzilor. Suferința ta e imboldul. Eliberează-te... ca să-i eliberezi.

Dialogul cu părintele Carp a fost ca o revelație divină, un moment în care criza mea s-a transformat în menire. Era un dar al Creatorului, un dar gratuit, un dar gratis, pentru a ajuta umanitatea prin simbioza cu cei în nevoie. Revelația era clară: fericirea vine din omenie, din bucurie împărtășită, din vindecarea prin iubire. Universul mă chema să fiu sustenabil, să transform criza în revelație, să văd suferința ca pe un dar al lui Dumnezeu pentru umanitate, nu pentru tine, suflet drag!

Am început din nou. Și, de data asta, nu am mai fugit.

Sau așa am crezut...

Tot trebuia să mai încerc o dată fără să apelez la banii pelerinilor. M-am dus la un club cunoscut de fotbal unde aveau 8 accidentați, cu promisiunea patronului că, dacă-i rezolv, mă plătește și-mi face contract pentru sezonul următor pe suficienți bani, astfel încât să devin sustenabil financiar, rezolvând problemele curente. Am spus că e super, un club mă plătește suficient, iar eu pot continua să ajut pelerinii în continuare fără să mă plătească. Eram fericit, pentru că știam că nu voi avea probleme în a-mi atinge ținta contractuală verbală. Și așa a și fost, în 2 săptămâni clubul nu mai avea niciun accidentat. Toți jucătorii erau apți.

Dar... nu era după cum vreau eu.

Dumnezeu știa mai bine calea. Asta era prea simplă, prea confortabilă. Normal că patronul nu s-a ținut de promisiune, așa că mai pierdusem iar din speranțe și timp. Iar facturile continuau să vină pe cheltuielile casnice.

Abia atunci am simțit că singura soluție este să accept varianta simbiozei predată de preot. O înțelegeam, dar ultima dezamăgire m-a făcut să o și simt. Știi cum e... parcă se desfac celulele-n tine de neputință, dar nucleul celulelor conțin lumină! Nu te poți lumina fără să fii făcut bucăți!

Și așa... în următoarele zile am hotărât și am plecat în lume pe jos. Mai întâi în cel mai apropiat oraș, unde mai aveam ceva cunoștințe cu agenți comerciali și-i știam cu probleme, dar nu le dezvăluisem capacitățile mele. Făceam comerț și eram considerat comerciant. Dar nevoia te împinge la a renunța la concepte și condiționări.

Așa am dezvoltat codul: „Condiția ce-o pui unui țel devine exact condiția ce nu te lasă să-ți atingi țelul." „Condiția ce-o pui iubirii este exact condiția ce nu te lasă să iubești", pentru că, în loc să te hrănești din iubire, devii polițistul condiției. Condiția ce-o pui vindecării este exact condiția ce nu te lasă să te vindeci. Fac orice să mă vindec, dar mai puțin citostatice sau să vorbesc cu cei cu care m-am certat. Condiția ce-o pui vieții este exact condiția ce nu te lasă să trăiești! Și ce e mai important? Că soluția este conținută mai mereu exact în condiție!

Așa că am renunțat la toate condițiile.

Așa am ajuns prin București la un pacient ce-mi garanta casă și masă pe timpul aplicării terapiei pentru o tumoare. Și da, am făcut terapie două ore și mi-a spus că mă așteaptă a doua zi. Am fost bulversat, dar eram obișnuit deja cu aceste evenimente. Mai greu era că era luna noiembrie și afară era lapoviță și ninsoare. Aveam ceva bani la mine, dar nu-mi permiteam să merg la hotel, pentru că încă aveam restanțele la curentul electric și gaze. Am avut grijă să anunț familia că merg la hotel, dar, în realitate, m-am culcat sub o bancă într-un parc de cartier, într-un sac mai mare de gunoi, ce l-am golit dintr-un tomberon stradal. Sincer... eram mulțumit că pot. Eram atent la ce puteam, nu la cât de greu era. Nu am visat la copiii mei – eram prea obosit, prea înghețat. Dar, în clipa în care am închis ochii, am știut ceva: că nu pot să mor într-un parc. Nu încă. Nu câtă vreme ei aveau nevoie de mine. A fost o certitudine goală, fără lacrimi sau dramatism. Doar o pietricică pe care o țineam strâns în palmă ca să-mi amintesc: «Mai ai de mers».

Era ceva în mine ce nu mă lăsa să consider că sufăr. Și așa a fost cam vreo 2 zile. După care am evoluat. Cu banii ce-i aveam la mine, i-am dat unui om în vârstă ce avea parcată o mașină mai veche lângă parc și m-a văzut cum dormeam. Așa m-a lăsat să dorm noaptea la el în mașină.

Nici nu știu, când scriu aceste amintiri, dacă să râd sau să plâng, dar cert e că atunci nu-mi plângeam de milă. Nu aveam timp de milă. Și așa au trecut mai multe evenimente din viața mea, până m-am format matur, nu complet. Complet nu cred că putem decât prin Dumnezeire.Dar am acumulat suficientă experiență prin suferințe și prin căutarea de coduri de supraviețuire, astfel încât e foarte rar să vină un pelerin la mine cu o problemă mai mare decât am avut eu. Și codul rezolvării crizelor pelerinilor sunt codurile ce le-am aplicat asupra mea.

Așa că, de câte ori vă plângeți că este ceva greu... de fapt, nu e greu, ci viața vă pregătește pentru ce urmează să deveniți pentru cei din jurul vostru! Nu căutați soluții peste tot? Nu vă întrebați mereu cine vă poate ajuta cu un sfat? Culmea este că vă simțiți dezamăgiți că nimeni nu vă poate ajuta, dar, în esență, în acele momente se dezvoltă în voi, dragi suflete, cea mai mare capodoperă a ființei voastre: deveniți ceea ce v-ați dorit să fie alții pentru voi. Și atunci, doar atunci, voi puteți deveni pentru toți cei din jur, cu suferințe mai mici sau asemănătoare, ceea ce nu au fost alții pentru voi.

Religios se spune că suferința duce la mântuire. Și, când te mântui, devii, de fapt, mântuitor pentru cei din jurul tău! Și acum întrebați-vă ce e mai important? Criza, suferința sau ceea ce deveniți datorită lor? Când am înțeles că ceea ce am devenit a fost doar datorită „suferințelor", m-am oprit din suferit!

Și, dacă am nevoie de coduri noi pentru a aplica la mai mulți pelerini nevoiași, atunci intru în suferință programată imaginară, ce nu are efect biologic. E de scurtă durată și intru și ies conștient când vreau eu. E ca atunci când eram mic și-mi imaginam că moare mama și începeam să plâng.

Acest antrenament inconștient perpetuu în timpul vieții m-a făcut ca, la moartea mamei, să sufăr mult mai puțin decât îmi imaginasem toată viața. Și, din acel moment, mi-am dat seama câte putem să facem cu mintea noastră. Și am început să gestionez mintea voit în direcții necesare pentru a dezvolta noi coduri necesare umanității.

REFLECȚII ȘI LECȚII PENTRU DEZVOLTARE PERSONALĂ

NOTĂ ȘTIINȚIFICĂ (pe scurt)
-PNI (psiho–neuro–imunologie): stresul cronic menține cortizolul și inflamația; decizia clară + co-reglarea (prezență liniștită) reduc reactivitatea simpatică.
-Nervul vag / parasimpatic: respirația egală 4–4, contactul vizual benevolent și atingerea sigură cresc tonusul vagal → scad frecvența cardiacă și tensiunea internă.
-Iertarea interioară ≠ negație: scade ruminația, reduce hiper-reactivitatea amigdalei și permite cortexului prefrontal să reevalueze; iertarea nu implică întoarcerea în relații nesigure.
-Co-reglare și siguranță socială: relațiile sigure cresc variabilitatea ritmului cardiac (HRV) și capacitatea de autoreglare; comunitatea funcționează ca „baterie externă" pentru sistemul nervos.
-Micro-gesturi somatice: apă, mers 10 minute, duș cald, ancorare senzorială — utile pentru ieșirea din blocaj (freeze) sau hiperactivare (fight/flight).
- Dacă ți s-a dat un dar, nu-l vinde, dar nici nu-l ascunde. Lasă-l să circule în lume, în echilibru. Iertarea nu scuză trecutul, eliberează prezentul (pe mine mai întâi).
- Când îți abandonezi menirea, viața ți-o va reaminti prin suferință.
- **Decizia** e scânteia: când aleg, exercițiile încep să funcționeze.
- **Prezența** care nu fuge vindecă mai mult decât explicațiile.
- **Limitele** protejează iubirea; compasiunea nu exclude siguranța.
- Când nu mai fug, apare liniștea clară din care pot acționa.

- În criză, caut oameni vii: simbioza mă ține pe linia de plutire.
- **Menirea** neuitată revine prin crize: dacă ignori darul, viața ți-l reamintește dureros.
- **Menirea** ta este sursa hranei sufletului. Dacă o ignori, viața îți va crea contexte dureroase ca să o regăsești.
- **Darul** e de la Dumnezeu; **circuitul sănătos** e: dăruiesc → primesc înapoi (simbioză), nu exploatare, nu autosacrificiu.
- **Un dar** fără limite devine autosabotaj. Spune „DA" din iubire, dar și „NU" din respect de sine.
- **Limitele** nu anulează iubirea; o protejează. Spune „DA" la ce e sănătos și „NU" la ce te golește.
- **Condiția pusă unui țel** devine adesea piedica lui: renunță la „fac X doar dacă Y" — acționează cu ce ai.
- **Criza financiară** e simptomul unui **derapaj de sens**; repară sensul, apoi strategia.
- **Crizele financiare sau spirituale** sunt mesaje codificate: ele te obligă să te reconfigurezi către cine ești cu adevărat.
- **Prezența care nu fuge** (a ta și a altora) vindecă mai mult decât explicațiile.
- **Iertarea** eliberează energia blocată în ranchiună, dar **nu cere întoarcerea în pericol**.
- **Sustenabilitatea** nu e mercantilism: e grija firească pentru cel ce dăruiește, ca darul să poată continua.
- **Cere sprijin** clar și verifică reciprocitatea: **omul potrivit + cererea potrivită** = progres.
- **Când ești doborât**, caută **micro-victorii** zilnice (ordine, mers, o masă simplă) — ele refac nervul voinței.
- **Nu te confunda** cu rolul de „salvator": **împuternicește**, nu înlocui responsabilitatea celuilalt.
- **Dăruirea spirituală** nu înseamnă anulare de sine. Lasă-i și pe ceilalți să ofere în schimb — așa se creează simbioza.

Menirea nu e opțională.
-Ea e sursa hranei sufletului. Dacă o ignori, vei avea succes financiar poate, dar faliment spiritual.
-Adevărata dezvoltare personală nu începe cu „ce pot obține?", ci cu „ce sunt chemat să dăruiesc?"

CODURI DE CONȘTIINȚĂ ACTIVE ÎN ACEST CAPITOL

1.7 – Iertarea Absolută (eliberează și corpul, și mintea).
1.6 – Prezența Transformatoare (terapia începe cu a rămâne, nu cu „a face").
1.5 – Comunitatea Vindecătoare (co-reglare, „îți țin sufletul până îl poți ține singur").
4.21 – Exercițiul nu vindecă. Decizia o face (momentul interior „ajunge, aleg altceva").
4.22 – Oprește fuga (nu metoda vindecă, ci încetarea evitării).
4.23 – Alegerea conștientă („nu știu tot, dar nu mă mai neg").
4.24 – Întrebarea care schimbă totul: „Ce aleg să nu mai tolerez?".
6.31 – Simbioza în criză (când totul cade, relațiile vii rămân).

Criza mondială este o criză de sens.
În acest tip de poveste — sinceră, trăită, refuzând superficialul, **CRIZA DEVINE ANTIDOT!**

ÎNTREBARE CĂTRE CITITOR

Poate și tu, cititorule, ai uitat de darul tău. Poate crezi că nu ai unul. Dar, dacă suferi fără sens, dacă te prăbușești iar și iar fără motiv clar, întreabă-te:
- Ce aleg să nu mai tolerez, de azi, în felul în care răspund durerii?
- Pe cine pot ierta în mine (fără a mă întoarce în pericol)?
- Cui îi cer sprijin ca să nu mai fug (un om viu, o comunitate)?
- Unde pun o limită concretă în 24h (un gest observabil)?
- Ce am primit și n-am pus în slujba celorlalți?

- Care durere din mine am tot ignorat, de teamă să nu doară mai tare?
- Ce parte din mine am evitat să ascult, pentru că spunea un adevăr prea greu
- Unde m-am prefăcut cel mai mult că nu mă doare... chiar dacă știam că doare.

MICRO-PRACTICĂ (2–5 minute)

- Scrie o propoziție: „Aleg să nu mai tolerez [X]".
- Alege o acțiune observabilă în 24h (ex. : un mesaj clar, o distanță sigură, o cerere de ajutor).
- Spune decizia cu voce tare în fața unui martor benevolent (comunitate).
- 3 minute de prezență liniștită (respirație egală), repetând: „Sunt aici. Nu fug."
- Dacă există risc/violență, iertarea rămâne interioară + cauți sprijin de specialitate. (Iertare ≠ întoarcere în pericol.)

Capitolul 6

Metamorfoză: Paznicul devenit sfânt

Avertisment de conținut: textul conține descrieri explicite de violență.

Povestea care urmează își are rădăcinile într-o întâmplare reală. Pentru a proteja persoanele implicate, am modificat identități, meserii și anumite împrejurări, iar unele detalii biografice au fost amalgamate sau omise. Relatarea nu este o investigație jurnalistică, ci redă adevărul emoțional al unei trăiri: durerea, frământarea și miracolul iertării. Orice asemănare cu persoane, instituții sau situații reale rămase neschimbate este pur întâmplătoare. Dialogurile au fost comprimate și reconstruite pe alocuri din memorie, fără a altera sensul și esența experienței.

Într-o vară, destul de aglomerată de pelerini ce se perindau pe la mine, într-o dimineață primesc un telefon de la o fată disperată ce mă cunoștea, cu rugămintea să primesc un cuplu în terapie și că era urgent. „Urgent" este mereu și cam natural pentru suferinzii pelerini. Și așa au ajuns în casa mea un tânăr de 30 de ani și o fată de cam aceeași vârstă. El era paznic, gârbovit, smerit, cu umerii aplecați în față de parcă cara și acum saci în spate, iar ea era recepționeră la un hotel de lux, stilată, cochetă, plină de bijuterii care mai de care mai strălucitoare, cu un aer de vedetă. Ea a intrat nervoasă, iar el supărat. Nu erau căsătoriți.

I-am întrebat:

– De ce ați venit?

Tăceau, murmurau, dădeau din cap, din mâini, nu știau cum să explice.

– Reiau! De ce ați venit? Stăm și dăm din cap până mâine? Haide, că vă ajut! V-ați certat?

Amândoi:– Da.

Eu:– Bine Și care este scopul întâlnirii noastre? Vreți să vă împăcați? Vreți să vă despărțiți? Pentru că nu aveți nevoie de vreun îndrumător pentru niciuna dintre aceste variante, dacă deja ați hotărât!

Ea:– Eu vreau să mă despart!

El:– Eu nu vreau să mă despart!

Clasic. Unul stânga, altul dreapta. Că dacă erau pe aceeași direcție, nu veneau la mine.

Eu:– Și de la mine ce doriți de fapt? Eu nu pot hotărî pentru voi!

Ea:– Eu vreau să vă explic de ce vreau să mă despart.

El:– Eu vreau să vă explic de ce nu vreau să mă despart.

Am zâmbit. „Dumnezeu vrea să mă distrez și să mă relaxez", zic în mintea mea. Majoritatea pelerinilor veneau la mine muribunzi. Și era destul de împovărător ca zilnic să am aceeași tipologie de pelerini de câte 5-6 ori pe zi. Am spus... Dumnezeu îmi dă azi un exercițiu de rezolvat, nu o problemă. Dar nu era chiar așa.

Reiau:– Așa, și? Care începe?

Avertisment de conținut: urmează descrieri de traumă/violență.

Ea:– Eu. Să știți că m-a bătut...

Mă uit la el, nu prea părea genul – dacă ar fi un „gen" aparte pentru asta. Era mai mult firav și plăpând, probabil și datorită smereniei cu care a venit.

Eu:– Cum te-a bătut? – mai neîncrezător în cuvântul „bătut".

Ea:– Așa, bine! M-a bătut!

Mi-am dat seama imediat că exagerează, undeva ascundea o vină.

Eu:– Și cum te-a bătut? Trebuia să urmez direcția ei pentru a o aduce pe direcția mea: ce a făcut ea de a fost bătută și de ce încă mai este cu el, dacă este așa de grav?

Ea:– Așa, bine, ce nu înțelegi? M-a bătut!

Eu:– Eu înțeleg că te-a bătut, dar nu prea înțeleg cum și când, că nu pari bătută. Ți-a dat vreo doi pumni? Te-a lovit cu piciorul? Cum te-a bătut, să înțeleg și eu ce și cum să-l întreb și să-mi dau seama de cauzalitate, și să vedem împreună dacă se merită să încercăm ceva sau nu!

Ea:– Ce să încercăm? Eu nu mai vreau!

Eu:– Atunci de ce ai venit? Doar să-ți validez eu că el e vinovat și argumentul bătaiei ar fi suficient pentru hotărârea ta de a te despărți? Părerea mea este că erai pregătită să te desparți și așteptai un argument permisiv social pentru asta. Explică-mi, te rog, cum te-a bătut!

Ea:– Nu-i adevărat! Nu voiam să mă despart, dar m-a bătut! M-a bătut cu palma!

Eu:– Așa... foarte urât! Și câte palme ți-a dat... două, trei, zece? Să înțeleg și eu vehemența și hotărârea ta. Nu că ai avea nevoie de feedback-ul meu pentru hotărârea ta, dar dacă tot ai venit, haide să ne facem și treaba.

Avertisment de conținut: urmează descrieri de traumă/violență.

Ea, bolborosind:– Mai multe palme.

El, fremătând, stătea ca pe cărbuni încinși. Îi făceam semn discret periodic să aibă răbdare. Știam că dacă-l las să vorbească când nu trebuie, nu mai avea nici o șansă. N-a mai avut răbdare.

El:– Nu-i adevărat, domnule Iulian! I-am dat doar o palmă! Una, nu mai multe! M-a enervat groaznic!

Eu:– Așa, și te lauzi acum? Că a fost doar o palmă? Ea radia de bucurie mocnită, că eram de acord cu ea. Oamenii nu înțeleg că eu nu sunt de acord sau împotriva nimănui. Mereu caut o coerență a informațiilor. Nu e dinamica mea să găsesc un vinovat, ci o soluție de liniștire a individului, indiferent dacă e agresat sau agresor.

Ea:– Da! O palmă! Dar e suficientă!

Eu:– Suficient pentru ce? Ce e în mintea ta când spui „suficient"? Suficient pentru hotărârea ta ce o luasei deja dar aveai nevoie de un argument serios? Mai, fată dragă, tu nu înțelegi elemente esențiale de viață. Nu palma te face să te desparți, ci nesiguranța viitorului cu o anumită persoană, stresul, frica... etc. Dacă eu sau altcineva ți-ar garanta că dacă ai accepta o palmă, vei avea fericire toată viața, ce ai face? Eu unul aș accepta și vreo trei bătăi zdravene, că de suferit sunt obișnuit, dar de fericit mai greu, așa că aș accepta orice suferință de moment ce garantează fericirea veșnică. Ia spune, cum e? Ai accepta o palmă pentru fericire?

Ea pleacă capul și începuse să plângă:

– Aș accepta și mai multe.

Eu:– Deci palma te-a făcut să te desparți?

Ea:– Nu, nu palma! Aveți dreptate!

Eu:– Mai, dragă fată, pe mine nu mă prea interesează dreptatea mea, dar mă interesează fericirea voastră. Haide, că am început să fim coerenți. Pentru soluționarea rapidă, haide să fim realiști și sinceri! E viața voastră și faceți ce vreți cu ea. De când ai avut gânduri să te desparți de el și de ce nu ai făcut-o până acum? Bănuiala mea este că tu ai cerut palma pentru a avea motiv și ai activat ceva în el ce știai că e instabilitate și va reacționa.

Ea:– E foarte gelos! Mă urmărește, îmi verifică telefonul, se urcă în copaci până la etajul 2 unde stau eu, să vadă cu cine sunt în casă. Se poartă cu mine ca și cum m-a cumpărat de la piață.

Eu:– Bine haide că începem să înțelegem! Cine i-a dat voie să aibă acest comportament?

Ea:– Eu. Dar am sperat că se va schimba.

Eu:– De ce s-ar schimba un om care beneficiază de tine mereu și fără să schimbe ceva? Nu tu ai demonstrat, menținând relația cu el, că sunteți în relație și fără să schimbe? Cine a confundat dorința cu realitatea? El sau tu? Cine a mințit mai mult? El te accepta oricum și chiar dacă nu te schimbai, și gelos fiind. Tu ai mințit spunând că e ok când nu era ok. Că dacă nu era, trebuia să te desparți demult de el. Și pentru că îți era frică de reacția lui, tot lungeai suferința, sperând că se va schimba ceva. Corect?

Ea:– Ați explicat mai bine decât aș putea eu. Așa e... nu e ok ce am făcut, dar atât am putut.

Eu:– Nu mai contează de ce și cum. Am înțeles și am explicat să conștientizați amândoi că într-o relație nu poate fi acțiune fără reacțiune. Sunt asumabile ambele pentru ambii participanți la o relație de orice fel, nu doar amoroasă. Mai departe. Cum a ajuns să-ți dea palma?

Ea:– Ne certam pe geloziile și posesivitatea lui și s-a enervat și mi-a dat o palmă.

Eu:– Așa, dar care a fost ultima propoziție a ta înainte să-ți dea o palmă? Mai știi?

Ea:– Nu știu, nu mai știu, dar ce contează?

Eu:– Păi cam contează. Dacă i-ai spus o sută de lucruri și nu a reacționat, dar a explodat la o expresie, înseamnă că acea expresie a fost un stimul pentru o problemă agravantă nerezolvată din sufletul și ființa lui. Tu ce stare aveai când te certai? De rău, nu? Și ai vrut să te simtă, să știe cât de tare te doare, nu-i așa? Și tot îi spuneai diverse pentru a suferi și el, să înțeleagă cum suferi și tu! Și când nu reacționa suficient să-și exprime suferința, ai făcut tot posibilul să se întâmple două lucruri: 1. să-l doară, și 2. să obții un argument de eliberare. Care a fost ultimul lucru ce i l-ai spus înainte de a te plesni?

Ea:– Nu mai țin minte.

Eu, întorcându-mă spre tânărul gârbovit de vinovăție:

– Tu mai ții minte?

El:– Da, spășit și lăcrimând. Normal că țin minte, dar nu mai contează, niciun argument nu este suficient de permisiv pentru gestul meu.

Eu:– Haide, totuși, unul dintre doi să-mi răspundă! Care a fost ultima jignire sau propoziție.

Ea, spăşită, cu capul plecat: – I-am spus că... va ajunge ca taică-său!

Se aşternu o linişte în care amândoi lăcrimau şi stăteau cu capul plecat. Pentru mine era perfect! Li se deschisese sufletele. Când plângem, avem sufletul deschis! E cel mai bun moment să găsim comorile ascunse ale fiinţei noastre.

Mda... ce să spun... vă iubesc! Sunteţi minunaţi! Dar nu vă daţi seama! – Şi acum ştiţi ce urmează? O întrebare cu două variante. 1. Dacă vreţi, pot să duc discuţia într-o direcţie în care să deveniţi cei mai buni oameni şi prieteni şi să aveţi toate şansele să fiţi împreună şi ca iubiţi pentru toată viaţa, sau să mă opresc la varianta cu a vă găsi liniştea şi compasiunea unuia în faţa celuilalt, eventual să fiţi buni prieteni, să vă respectaţi şi să beneficiaţi de conţinutul fiecăruia dintre voi, fără alte pretenţii. Voi decideţi!

Ea:– Eu vreau să rămânem prieteni!

El:– Eu vreau să fim iubiţi!

Eu:– Dragă omule, adresându-mă lui, haide să-ţi explic ceva! Varianta ei este una corectă, chiar dacă ai impresia că e împotriva ta. În realitate, nu e aşa cum crezi. Nu poţi manifesta iubire fără de prietenie, şi nici prietenie fără de omenie. Omenia este postament pentru orice relaţie de durată. Asta înseamnă respect absolut pentru persoana simbiotică de lângă tine, întregire ca spirit, ca entităţi asemănătoare, dar libere şi respectuoase. Prietenia este construită prin întrajutorare socială, materială, amicală, să fii prezent la orice oră este nevoie, în compensarea socială în care trăim. Iar iubirea este partea care conţine unitatea celor două categorii împlinite în scopul perpetuării speciei, dar fără condiţii! Tu crezi că un copil şi-ar dori un tată ca tine? Nu e mai bine să te întregşti şi să te regăseşti mai întâi pe tine? Eşti un om bun, dar comportamentul tatălui absent a lăsat răni grave în sufletul tău şi, ca atare, şi manifestări asemănătoare. Ţi-ai dori ca şi copilul tău să aibă traumele tale?

El:– Eu nu voi fi niciodată ca tata!

Eu:– Păi... cum? Nu ai făcut gestul asemănător tatălui? Nu ai început deja?

El:– Dumneavoastră nu înțelegeți, și nici ea nu înțelege!

Eu:– Se poate să ai dreptate. Eu pot să înțeleg doar ceea ce este asemănător experiențelor mele de viață. Ceea ce nu e cuprins în experiențele de viață comune le pot interpreta doar prin analogii. Dar explică-mi, să înțeleg. Că vreau mereu să învăț, și nu pentru mine, ci pentru ce voi deveni pentru cei din jurul meu când voi ști mai multe. Și acela a fost momentul de tranziție când din terapeut am ajuns să fiu elev pe o lecție de viață ce nu mi-am putut nici măcar imagina. A fost biblic ce a urmat.

Eu:– Haide, curaj. Suntem cu tine.

Avertisment de conținut: urmează descrieri de traumă/violență.

El, plângând, retras într-un colț pe canapea:

– Știi, acum 10 ani, aveam 20 de ani. Veneam din oraș, de la muncă, acasă. Părea o zi normală. Până am intrat în casă. În acel moment s-a rupt totul în mine. Era sânge peste tot. M-am îngrozit. Nu înțelegeam absolut nimic. Mintea nu-mi dădea niciun rezultat, nici o interpretare. Credeam sau voiam să cred că am intrat în altă casă din greșeală. Simțeam din toată ființa mea că totul e real, dar mintea mea încerca să fugă. Nu reușeam. Am făcut primul pas. Am aprins lumina de pe hol să înfrunt crunta realitate sau să anulez imaginația, ce era doar o urmă de speranță, speranța că nu mi se întâmplă mie. Frica și simțămintele s-au concretizat în lumina clară a becului aprins. Am căzut în genunchi. Mi-am pus coatele și capul pe podea ca într-o ultimă rugă, o ultimă speranță către Dumnezeu să nu fie real ce vedeam. Mama... mama mea... era sângele mamei mele. Săracă. nu era doar sângele... erau părți hăcuite, tranșate din mama mea peste tot. Îmi era frică, eram disperat, mă loveam cu capul încet de podea unde era capul mamei mele, mă mâclăiam în sângele ei. Nici nu mai știu ce făceam. Pupam sângele, domnule Iulian. Era ultima suflare din mama mea în acel sânge. N-am putut să-i întorc capul spre mine, dar îi mângâiam părul. Plângeam, dar nu aveam putere să urlu. Era o transă de suferință. M-am târât mai departe. Sperând că ajung la baie, la chiuvetă, să mă spăl pe mâini de sângele ce se închega pe mine... iar am rămas încremenit! Înțelegeți vreodată cum să încremenești în încremenire? Mâinile, palmele mamei erau în chiuvetă, picioarele în cadă. și așa era toată casa...

Adevărul este că m-am blocat. Nu știam cum să reacționez. Toate traumele mele de viață și experiența mea au împietrit odată cu povestea apelului pelerin. Doar l-am luat în brațe și plângeam și eu cu el. Îi spuneam într-una: „Nu ești singur! Sunt cu tine! Te iubesc! Te iubesc! Te iubesc!" A fost cea mai puternică emoție din viața mea. S-a liniștit din plâns în jumătate de oră, dar sughita și suspina într-una ca un copilaș. Fața era încremenită! Nu a putut rezista! A plecat spășită și neputincioasă! Și-a dat seama ce făcuse, dar nu era nici ea vinovată. Încerca și ea o viață mai bună sau mai puțin rea. Fiecare dintre noi avem justificări pentru acțiunile noastre. Doar că uneori aceste justificări sunt conștiente, alteori inconștiente sau subconștiente. Am rămas noi doi...

Îl țineam de mână. Îmi făceam curaj în liniștea suspinelor să întreb ce bănuiam deja... am așteptat, am răbdat, nu pentru el, ci pentru mine. Eu trebuia să fiu pregătit, nu el. Și între două suspine...

Eu:– Și ai aflat cine a făcut asta?

A făcut o pauză lungă... nu găsea cuvinte să exprime. A închis ochii și cu bărbia tremurândă... spune:

El:– Tata.

Speram să nu fie așa cum am bănuit. Era mai ușor dacă nu era așa. Dar se pare că nu se poate ușor pentru unii dintre noi. Nu se poate lumină fără de întuneric...

El, continuând:– A fost mereu gelos. O urmărea pe mama mereu. Cred că era bolnav. Nu știu. Ai dreptate, devin ce urăsc cel mai mult. Nu mi-am dat seama. Mulțumesc mult că mă ajuți!

Eu:– Încă nu te ajut, dar te pot ajuta dacă vrei! Promit să nu-ți dau drumul la mână dacă mă iei de mână! Până nu renunți tu, promit că eu să nu renunț! Și crede-mă că nu pentru tine fac asta, ci pentru mine. Acum sufăr ca și tine și până nu te văd liniștit și împăcat cu tine, nu mă pot împăca cu mine. Tu ai o scuză să nu poți, nu e menirea ta să poți, dar poate va deveni în curând! Eu am responsabilitatea prin menirea ce mi-a dat-o Dumnezeu să pot! Și voi putea dacă mă urmezi!

El:– Fac orice! Orice, domnule Iulian!

Eu:– Bine Vrei să continuăm mâine sau crezi că poți astăzi?

El:– Nu înțelegeți că eu nu am viață? Fața asta era singurul eveniment ce mă ținea în viață. Sunt mort de 10 ani! Știți câte sacrificii am făcut pentru fața asta? Știți câte reguli am încălcat să-i pot oferi ceea ce era o obișnuință la ea? Eu am salariu de 1000 de euro. Sunt paznic! Ea e recepționeră la un hotel de lux, are 2000 de euro și în ficcare luna mai primește cadouri de la turisti de inca pe atat! Se uita numai la inele de 5000 de euro! Am făcut multe prostii să fac cei 5000 de euro să-i iau inel de logodnă, și ea nu apreciază! Nu pot concura cu amicii ei și nici cu cei ce o curteaza zilnic! Sunt un sărac, oropsit de soartă, ce am încetat să trăiesc! Ea era singura mea scânteie. Acum am pierdut-o și pe ea. De ce mi-a fost frică, nu am scăpat! Ce am urât, am devenit! Ce mă fac? Pentru ce mai trăiesc? Vreau la mama, vreau să mor! Îmi este dor de ea! A fost singura ce m-a iubit necondiționat, exact cum eram. Când ea s-a dus... m-am dus și eu... Nu știu ce să vreau! Ajută-mă! Te rog!

Eu:– Bine! Te ajut! Dar nu te abați de la drum! Te rezolv repede dacă nu pui condiții!

El:– Fac orice!

Eu:– Tu crezi în Dumnezeu?

El:– Da.

Eu:– Poți să-l ierți pe tată?

Avertisment de conținut: urmează descrieri de traumă/violență.

El:– Cum să-l iert? M-am gândit de nenumărate ori cum să fac să ajung la pușcărie ca să-l omor!

Eu:– Uff... bine, și care e diferența dintre el, ce spui că e criminal, dar poate a avut un moment de nebunie sau gelozie sau lipsă de luciditate, și tine, care ești deja calculat și direcționat pe faptă?

El:– Nu contează! Nu mă interesează!

Eu:– Păi vezi de ce nu ești fericit? Îl urăști și vrei să faci exact ce a făcut el. Parcă ai iubi ce a făcut și vrei să-l urmezi! Înțeleg că vrei să arăți mamei cât de mult o iubești și speri că răzbunarea ta să-i aducă liniște! Dar te-ai întrebat dacă mama și-ar dori să aibă un copil criminal, rău cum a fost și soțul ei, sau ar vrea ca acest copil al ei să fie mântuit și fericit?

El:– Nu m-am gândit la asta. Aveți dreptate. Mama era blândețea întruchipată. Nu, nu și-ar dori să fiu rău. Aveți dreptate.

Eu:– Revenim. Ai spus că tu crezi în Dumnezeu! Cât de mult?

El:– Păi foarte mult! De fapt, în realitate, El este singurul cu care am vorbit până la dumneavoastră și aproape în fiecare zi și noapte. El m-a ținut treaz chiar dacă mă simțeam mort!

Eu:– Bun. E bine așa. Deci crezi cu desăvârșire în Dumnezeu! Și acel Dumnezeu, după părerea ta, poate să-l ierte pe tatăl tău?

El:– Dumnezeu poate orice! Da, El poate să-l ierte! E și copilul Lui, așa cum e! Dar... eu nu-l voi ierta niciodată!

Am început să zâmbesc. Găsisem cheia. Găsisem codul. Găsisem speranța. Deveneam nerăbdător asupra a ceea ce simțeam că va urma.

Eu:– Așa, deci Dumnezeu îl poate ierta, dar tu nu! Am o întrebare foarte ușoară pentru tine. Doar trebuie să-ți dai voie să fii sincer cu tine. Ca și cum ai merita totul! Ți-ai dori pentru o secundă să fii Dumnezeu? Să simți ce simte El?

El:– Doamne, Iulian, cum să-mi permit așa ceva?

Eu:– Mai, frate, ascultă-ți ființa, nu mintea, și răspunde! Ai vrea să simți ce simte Dumnezeu? Ai vrea să fii Dumnezeu pentru o secundă? Haide să-ți spun altfel. Presupune că Dumnezeu mi-a dat darul să pot da oamenilor puterea de a fi Dumnezeu pentru câteva momente, iar eu aleg cine cred că e meritos. Eu te pot face să fii Dumnezeu! Ai încredere în mine! Nu ai ce pierde, dar poți câștiga TOTUL!

El:– ...Da! Vreau! Normal că vreau! Cine nu ar vrea?

Eu:– Nu e treaba mea cine nu ar vrea, ci doar cine ar vrea. Fii atent la afirmațiile mele! Tu ai spus că nu poți să-ți ierți tatăl. Corect?

El:– Da!

Eu:– Tu ai spus că Dumnezeu poate să-l ierte! Corect?

El:– Da!

Eu:– Atunci, dacă tu alegi să-l ierți pe tatăl tău, devii asemenea Lui Dumnezeu?

S-a blocat. A încremenit a nu știu câta oară în câteva ore. Se uita la mine. Eu lăcrimam în fericirea dezvăluirii. El lăcrima, tremura și a izbucnit:

– De ce? De ce? De ce, Iulian, de ce sufletul îmi spune să-l iert, dar mintea nu mă lasă? De ce? Ce vor spune rudele când vor afla că l-am iertat? Aveți dreptate, nu doar că pot să-l iert, dar mi-am dorit tot timpul să-l iert, dar mintea nu-mi dădea argumente. Sufletul îmi spune că-l iubesc așa cum e. Nu știu, nu pot să înțeleg. Am toate argumentele să-l urăsc, dar undeva în sufletul meu simt că-l iubesc. Ajută-mă să înțeleg.

Eu:– Te ajut, cu drag, frate. Știi... trauma te-a dus la palmă, palma te-a adus la mine, eu te duc la rezolvarea traumei. Dacă nu deveneai asemenea tatălui, nu îi înțelegeai gelozia și suferința, nu apărea compasiunea, nu apărea empatia. Îl iubești pentru că ți-e milă de el, pentru că ți-e milă de tine. Și tu ai nevoie de dragoste, și el are nevoie de dragoste. Așa ai ajuns să-l iubești fără să-ți dai seama. Și da... mintea nu te lasă. Mintea funcționează social și după Vechiul Testament: „ochi pentru ochi și dinte pentru dinte" – m-ai lovit, te lovesc. Așa ne-a învățat câmpurile sociale. Dar sufletul. sufletul funcționează după Noul Testament: „să ierți, să nu judeci, să iubești necondiționat". Din păcate, au trecut 2000 de ani de când a apărut Noul Testament, dar umanitatea majoritară funcționează tot pe Vechiul Testament! Mintea e socială. Când o asculți, urmezi turmei! Sufletul ți l-a dat Dumnezeu, când îl urmezi, Îl urmezi pe Dumnezeu! De aceea azi ai ajuns aici, să poți fi Dumnezeu pentru o clipă, și hotărârea este a ta!

El:– Am înțeles acum. Mă liniștesc! Simt că am o plutire. Bine! Îl iert! Ce trebuie să fac?

Eu:– Practic, nu trebuie să faci nimic! Plutirea și liniștirea au apărut când ai hotărât să ierți. Nu trebuie să faci vreo incantație de iertare. E un act interior hotărâtor ce are efect imediat asupra ființei tale. Dacă te simți bine, înseamnă că ai iertat deja. Nu ai nimic altceva de făcut.

El:– Dar simt nevoia să fac ceva. Nu știu ce, dar e ceva în mine ce-mi spune să fac ceva.

Eu:– Dacă într-adevăr vrei să faci ceva, cum strigă sufletul tău, cel mai probabil că vrei să-i spui că l-ai iertat și că te-ai eliberat de fapta lui.

El:– Da, asta e! Da, aș vrea cumva să știe că l-am iertat! Cum fac?

Eu:– Sună la penitenciar și spune că vrei să-i duci pachet de mâncare. Te vor primi chiar mâine, pentru că nu ai fost niciodată și, cel mai probabil, nu are nici vizitatori.

El:– Vai, Iulian, dar pot să fac asta? Sunt în stare?

Eu:– Cred că poți, pentru că ai dovedit!

El:– Bine, merg! Dar cu o condiție! Mergi cu mine?

Eu:– Dacă merg cu tine să-l ierți pe cel ce ți-a măcelărit mama? Glumești? Dacă tu faci asta, nu doar că merg, dar eu mă pun în genunchi în fața ta și-ți sărut picioarele dacă tu faci asta. Pentru mine, în acele momente, devii sfânt viu printre oameni!

El:– Gata! Ce să-i iau de mâncare? Merg să fac cumpărături, sun la penitenciar și te sun să-ți spun când mergem.

Eu, zâmbind și plângând de fericire:– Ia și tu ce ia tot omul: conserve, țigări, consumabile permisive pentru penitenciar. Fugi și mă suni.

El:– Mulțumesc din tot sufletul meu!

Eu:– Te iubesc! Mergi cu Dumnezeu!

...M-a sunat într-o oră. A doua zi, la ora 8 dimineața, am fost la penitenciar împreună. Am coborât amândoi din mașină, am luat sacoșele. Eu m-am oprit.

El:– Ce faci? Nu mergi?

Eu:– Dragă frate, drumul meu se oprește aici. De aici în colo e doar drumul tău. Eu te-am adus aici și te aștept să te întorci ca înger. Dar drumul ăsta e doar al tău! A înțeles... a plecat.

S-a întors cam într-o oră. Plutea. Nu zâmbea, nu era trist, era doar foarte liniștit. S-a apropiat. S-a uitat în ochii mei și a spus: „Te iubesc, frate! L-am iertat. Și i-am spus să învețe să se ierte și el." Avea ceva în privire. Nu am mai întâlnit la nimeni până în acel moment. Eram fericit. M-am așezat în genunchi și i-am sărutat picioarele. Nu s-a ferit! M-am ridicat și ne-am îmbrățișat. Și așa, cel ce venise pelerin să-l ajut, a devenit un sfânt ce a acceptat îmbrățișarea mea.

Aceasta este una dintre poveștile mele spirituale cele mai revelatoare asupra puterii noastre de a decide tot ce ne pregătim să decidem pentru o viață minunată! Nu știu dacă el a fost pelerinul meu, dar cu siguranță, până la sfârșit, eu am devenit, cu siguranță, pelerinul lui.

Memento pentru Omenire

Nu te naști sfânt și nici călău; te naști om — iar ceea ce alegi în fața durerii te face lumină sau umbră. Răul nu dispare prin răzbunare, ci prin înțelegere și decizie. Iertarea nu scuză trecutul, ci te eliberează de lanțurile lui. Prezența care nu fuge vindecă, comunitatea care susține înalță, iar alegerea conștientă rupe moștenirile de suferință. Întrebarea care schimbă totul rămâne simplă: „Ce aleg să nu mai tolerez, de azi?" De aici începe civilizația din fiecare dintre noi.

REFLECȚII ȘI LECȚII PENTRU DEZVOLTARE PERSONALĂ

NOTĂ ȘTIINȚIFICĂ (pe scurt)
-PNI (psiho–neuro–imunologie): stresul cronic menține cortizolul și inflamația; decizia clară + co-reglarea (prezență liniștită) reduc reactivitatea simpatică.
-Nervul vag / parasimpatic: respirația egală 4–4, contactul vizual benevolent și atingerea sigură cresc tonusul vagal → scad frecvența cardiacă și tensiunea internă.
-Iertarea interioară ≠ negație: scade ruminația, reduce hiper-reactivitatea amigdalei și permite cortexului prefrontal să reevalueze; iertarea nu implică întoarcerea în relații nesigure.
-Co-reglare și siguranță socială: relațiile sigure cresc variabilitatea ritmului cardiac (HRV) și capacitatea de autoreglare; comunitatea funcționează ca „baterie externă" pentru sistemul nervos.
-Micro-gesturi somatice: apă, mers 10 minute, duș cald, ancorare senzorială — utile pentru ieșirea din blocaj (freeze) sau hiperactivare (fight/flight).
-Iertarea nu scuză trecutul, eliberează prezentul (pe mine mai întâi).
-Decizia e scânteia: când aleg, exercițiile încep să funcționeze.
-Prezența care nu fuge vindecă mai mult decât explicațiile.
-Limitele protejează iubirea; compasiunea nu exclude siguranța.

-Când nu mai fug, apare liniștea clară din care pot acționa.
-În criză, caut oameni vii: simbioza mă ține pe linia de plutire.

CODURI DE CONȘTIINȚĂ ACTIVE ÎN ACEST CAPITOL

Criza violenței moștenite / trauma repetată

2.15 – Ceea ce nu am integrat ne va conduce (integrarea umbrei rupe repetiția).

3.19 – Loialitatea inconștientă (nu mai repet viața părinților).

4.23 – Alegerea conștientă (punctul de inflexiune).

Criza vină–rușine / rol victimă–călău

1.7 – Iertarea Absolută (transcendere, nu negare).

4.21 – Exercițiul nu vindecă. Decizia o face (eliberarea începe cu „ajunge, aleg altceva").

Criza credinței punitive („trebuie să suferi ca să fii iubit")

3.20 – Nu e nevoie să suferi ca să fii iubit. E nevoie să fii tu (cod inversator).

4.22 – Oprește fuga (fără mască spirituală).

Criza neputinței din fața răului trăit

1.6 – Prezența Transformatoare (martorul care nu fuge reglează sistemul nervos).

1.5 – Comunitatea Vindecătoare (co-reglare, apartenență sănătoasă).

Criza limitelor personale / autosacrificiu

1.4 – Recunoașterea (cer echitate, nu milă).

1.2 – Simbioza (echilibru între a oferi și a primi).

Criza indeciziei (înțeleg mult, schimb puțin)

4.21 – Decizia clară rescrie circuite neuronale.

4.24 – Ce aleg să nu mai tolerez? (schimbă întrebarea, apare acțiunea).

Criza moștenirii dureroase

2.14 – Eliberează-te de moștenirea dureroasă (onoare fără repetiție).

2.13 – Apartenență conștientă (aleg conștient locul în care aparțin).

ÎNTREBARE CĂTRE CITITOR

-Ce aleg să nu mai tolerez, de azi, în felul în care răspund durerii?
-Pe cine pot ierta în mine (fără a mă întoarce în pericol)?
-Cui îi cer sprijin ca să nu mai fug (un om viu, o comunitate)?
-Unde pun o limită concretă în 24h (un gest observabil)?

MICRO-PRACTICĂ (2–5 minute)

-Scrie o propoziție: „Aleg să nu mai tolerez [X]".
-Alege o acțiune observabilă în 24h (ex. : un mesaj clar, o distanță sigură, o cerere de ajutor).
-Spune decizia cu voce tare în fața unui martor benevolent (comunitate).
-3 minute de prezență liniștită (respirație egală), repetând: „Sunt aici. Nu fug."
-Dacă există risc/violență, iertarea rămâne interioară + cauți sprijin de specialitate. (Iertare ≠ întoarcere în pericol.)

Capitolul 7

Mâna pierdută, fericirea câștigată

4.1. Povestea pelerinilor – un tată și un fiu în căutarea echilibrului

Avertisment de conținut: urmează descrieri de traumă/violență.

În anul 2016, am primit în casa mea doi pelerini: un tată și fiul său, sau poate fiul și tatăl, căci amândoi aveau să se regăsească și să-și schimbe conceptele de viață în egală măsură. Tatăl era profund supărat, bătut de greutățile vieții, iar fiul, un adolescent care nu împlinise încă 18 ani, purta povara unui diagnostic crunt: osteosarcom. Cercetările medicale nu ofereau un prognostic optimist. Timp de doi ani, băiatul urmase toate variantele posibile de tratament oncologic, dar cancerul avansase. Au ajuns la mine printr-un alt pelerin, care trecuse el însuși prin probleme grave de sănătate și se recalibrase. Au decis să încerce și această cale. Veneau dintr-un sat îndepărtat din România, departe de capitală.

Băiatul era programat pentru o operație drastică: amputarea mâinii drepte, împreună cu articulația umărului și omoplatul. Intervenția trebuia realizată cât mai curând, pentru a preveni invadarea altor structuri osoase, cum ar fi coastele sau plămânii. Atât tatăl, cât și băiatul știau că, chiar și cu amputarea, rata de supraviețuire era scăzută. Nu aveau cazare în București. Tatăl dormea pe unde apuca – pe la spital, pe lângă spital, oriunde găsea un loc. Îmi amintea de propriile mele nopți de iarnă petrecute sub bănci, așa că am empatizat imediat cu amândoi.

Chirurgul ortoped al spitalului de pediatrie le-a acordat o dezlegare: să încerce și o altă variantă de salvare a brațului. Doctorul B. , așa cum îl voi numi, un superperfecționist și cercetător pasionat, a încuviințat ieșirea periodică a băiatului din spital pentru câteva ore pe zi. Pentru el, era absolut normal să dea dreptul oricărui om să încerce, pentru a nu trăi cu regretul că nu a făcut tot ce era posibil ca părinte. Am avut privilegiul să colaborez cu doctorul B. timp de un an, pe cercetare medicală și aplicații terapeutice neinvazive, ca voluntar în secția sa de pediatrie oncologică.

4.2. Terapia – mai mult decât o mână pe umăr

Când cei doi pelerini au ajuns la mine, am acceptat să încercăm câteva zile de terapie. În mare parte, aceasta consta în a ține mâna pe articulația copilului. Dar asta era doar compensarea unui efect. Nu lipsa mâinii mele pe umărul lui sau absența citostaticelor a dus la boală, și nici prezența lor nu era leacul definitiv al vindecării – un termen oricum instabil. Științific, un om cu cancer poate fi considerat vindecat doar la moarte, dacă nu mai are celule canceroase. Problema vindecării este ambiguă, indiferent de procedurile aplicate, chiar și atunci când rezultatele sunt remarcabile, până la recuperarea stării de dinaintea bolii.

Ceea ce mă interesa cel mai mult era **cauza** producerii celulelor canceroase, care, de altfel, există în noi toți în stare latentă, dar se activează la un moment dat. Am căutat mereu o analogie în această direcție. Într-o oarecare măsură, am găsit corelații între comportamentul psihoemoțional al individului și declanșarea tumorilor. Nu pot garanta că am descoperit un „sfânt Graal" al științei, dar aplicativ, am observat că restabilirea echilibrului biologic este strâns legată de restabilirea echilibrului psihoemoțional. Despre asta voi vorbi prin câteva exemple trăite în acest capitol.

Am început o discuție cu tatăl și fiul. Din povestirile lor, viața părea normală, fără vreun trai nefericit evident. Totuși, ceva nu se lega. Am învățat din experiența personală și profesională că problemele psihoemoționale duc adesea la gânduri radicale. Indivizii își doresc, pe ascuns, moartea – sau, dacă nu moartea

direct, o scăpare imaginară din sistemul social, familial sau emoțional în care se simt prinși. Pentru mine, această „scăpare" este echivalentă cu moartea, deoarece acel sistem imaginativ nu există. Individul își ia energie imaginară pentru a rezista în colaps, sperând că realitatea se va schimba.
L-am întrebat direct pe băiat:
— De câte ori ți-ai dorit să mori? De câte ori ți-ai pus pătura pe cap și ai plâns fără să te audă părinții? De câte ori ți-ai dorit să nu te fi născut? De câte ori ți-ai dorit ca părinții să simtă suferința ta? De câte ori ai urât viața?
La fiecare întrebare, o lacrimă curgea instant pe obrajii săracului copil. Își plecase capul. Mâna îi atârna neputincioasă pe lângă trup. Suspina. Tatăl era încremenit.
— Hai, spune! Descarcă-te! Ți-ai dorit de multe ori să dispari?
— Da, mi-am dorit,
a răspuns el, suspinând.
Tatăl a început să plângă și el, luându-și copilul în brațe. Copilul l-a împins ușor, dar ferm. I-am făcut semn tatălui să-l lase să se descarce, să se manifeste. Băiatul era dezamăgit, nu mai avea așteptări de la nimeni. Nu mai voia îmbrățișările pe care le așteptase atâta timp și care nu veniseră când avusese nevoie.
— Domnu' Iulian... eu nu înțeleg nimic, nu știu nimic!
a spus tatăl.
— Vei afla imediat,
i-am răspuns.
— Iubitul meu,
m-am adresat băiatului,
— spune-mi un singur lucru ca să știu ce am de făcut! Pe tine te interesează mâna? Îți pasă că rămâi fără ea? Vrei să o salvăm?
— Nu mă interesează nimic! Nu vreau nimic! Am venit că a zis tata!
a răspuns copilul.
Tatăl se uita la propriul copil de parcă nu era al lui.
— I-ai spus tatălui că nu te interesează mâna? Că n-ai o problemă dacă o pierzi?
am continuat.

— Nu! Nu i-am spus, pentru că se supără. Și nu voiam să fie supărat!
— Adică voi sunteți la mine pentru tata, nu pentru tine? Adică tu ai făcut atâta timp citostatice și ai stat aproape doi ani prins în spitale ca să nu se supere tata? Nu pentru tine?
— Da. Pentru tata și pentru mama. Eu nu mai vreau nimic.
Tatăl era consternat, blocat, cu lacrimile curgându-i pe obraji.
— Vrei să rezolvăm toate problemele acum și aici și să nu mai suferi? Să te simți înțeles? Și să afli dacă tatăl tău te iubește așa cum ți-ai dorit tu, dar nu ai știut?
am întrebat.
Îmi dădeam seama de dinamica situației. Nu era prima dată când întâlneam astfel de blocaje emoționale, dar era prima dată când efectele biologice erau atât de evidente.
— Aș vrea! Dar nu cred că se poate!
a răspuns băiatul.
— Nu se poate! Ai dreptate! Cu ce știi tu, nu se poate. Cu ce știu eu, ce știi tu și ce știe tatăl tău, se poate. Și dacă eu, care nu trăiesc viața ta și a tatălui tău, mă pun la dispoziția voastră în beneficiul vostru, e normal și frumos să faceți și voi același efort în beneficiul propriei vieți.
Copilul era inteligent. Dacă știai să-l coordonezi, prindea repede aripi. Începea să se oprească din plâns, luându-și elan pentru ce avea să urmeze. Tatăl la fel. Se luminau.
— Vreți să ne apucăm de treabă? Să rezolvăm azi cât putem de multe și mâine încă puțin, și vedem ce se întâmplă cu mâna, poate o mai păstrăm săptămâna asta cu acordul medicului? Dar, copile, tată... pentru ca doctorul să fie de acord – căci nu poate pune în pericol viața copilului – va trebui să demonstrați că ceea ce vreți să practicați este benefic și eficient în scopul vostru și al medicului. Așa că focus și pe mână.
— Deci avem o înțelegere să rezolvăm toate problemele de suflet ce le aveți și să facem tot posibilul să salvăm și mâna?
— Da,
a răspuns copilul.
Tatăl, strângându-și lacrimile din bărbie, a dat afirmativ din cap. Apăruse speranța. Sufletul li se eliberase.

— Bine! Tu mai ai vreun frate?
am întrebat băiatul.
— Da, mai mic.
— Câți ani are?
— 13.
— Stați la casă sau la bloc?
m-am adresat tatălui.
— La țară, la curte. Curte mare. Avem găini, porci, diverse. Gospodărie.
— Munciți mult la curte?
— Păi, eu merg și la muncă, iar de gospodărie se ocupă soția și copiii.
— Hai să vă explic ceva! Acest copil are 17 ani. Fratele are 13. Acum doi ani aveau 15 și 11 ani. Când acest copil avea 10-11 ani, fratele mai mic avea 6-7 ani. Corect?
— Da, așa este,
a confirmat tatăl.
— Ce făceai tu la 13 ani, făcea și fratele tău la 13 ani? Ce făceai tu la 11 ani, făcea și fratele tău la 11 ani? Ce făceai tu la 6-7 ani, făcea și fratele tău?
m-am adresat băiatului.
— Nu! Nu făcea niciodată! Nici acum nu face! Doar eu am făcut! Și ce trebuia să facă el, părinții tot pe mine mă puneau!
— Și ți se părea corect? De ce nu le-ai spus?
— Cum nu le-am spus?! Ba da, le-am spus de multe ori!
— Și ei ce spuneau?
— Că e mai mic și că trebuie să înțeleg!
— Și tu ce le spuneai?
— Că și eu am fost mic și nu mi-au spus să nu fac pentru că eram mic. De mic a trebuit să mătur, să dau de mâncare la păsări, să fac curat la porci. Fratele nu a intrat la porci niciodată. Tot eu fac.
— Și cum ți se pare asta?
— Nu-i corect! De ce eu să fac și fratele nu? De ce doar eu? Ce, eu nu sunt copilul lor?
— Ai simțit că pe frate îl iubesc mai mult și pe tine mai puțin?
— Am simțit că doar pe el îl iubesc și pe mine deloc!

Tatăl devenise cianotic, tremura. Copilul a început din nou să plângă.

— Și alea erau momentele în care tu ce-ți doreai? Ce-ți doreai cel mai mult?

— Să mor, plângeam și eram furios și frustrat, dar voiam să mor și părinții să sufere cum sufeream eu!

— Dacă ar fi vreo explicație care să anuleze toată această suferință, ai lua-o? Îți dorești să știi că poate exista o explicație pentru toate astea, astfel încât tu să fii de acord cu ea și să faci liniște cu tine? De fapt, îmi dai voie să te ajut și să-ți arăt că ființa ta conține și versiunea minunată de a înțelege, doar că nu ai știut cum să cauți și cum să gândești?

— Ei... da... nu există așa ceva!

— Și dacă pentru tine nu există, e ca și cum ți-ar fi sete într-un deșert, dar în depărtare vezi o găleată de apă, dar nu știi dacă e goală sau plină. Nu mergi până la ea? Dacă e goală, nu se schimbă nimic, dar dacă e plină, ești salvat. Așa e și cu mine. Poate nu am nimic de oferit, dar poate am totul! Deci încerci să-ți iei, sau nu? Să știi că dragostea, educația și vindecarea nu se fac cu forța! Tu hotărăști!

— Bine... încercăm.

M-am adresat tatălui:

— Vreau să mă lăsați singur cu copilul, să poată fi focus pe el, nu pe dumneavoastră. Mergeți și vă plimbați o oră.

— Bine. Și eu ce trebuie să fac?

— Nimic. De data asta, trebuie să faceți exact NIMIC!

Tatăl a ieșit pe ușă. Era foarte liniște. Copilul fremăta, era curios.

— Uite cum facem. E simplu. Eu îți pun câteva întrebări și tu răspunzi! E important să răspunzi cu primul argument care îți vine în minte. Ce simți prima dată! OK?

— Da,

a încuviințat el, dând din cap.

Am respirat adânc. Nu era tocmai ușor, dar ce fusese mai greu trecuse. Acum începea reconstrucția.

— Îl iubești pe tata?

— Da.

— Pe mama?

— Da.
— Pe fratele tău?
— Da.
— Ei te iubesc pe tine?
Stătea să gândească. Am reluat:
— Am spus să răspunzi cu primul gând! Nu te adânci iar pe gânduri urâte! Care a fost primul răspuns?
— Da, mă iubesc!
— Cum te simți când te gândești că ei te iubesc?
— Foarte bine.
— Cum începeai să te simți când ai stat să te gândești dacă te iubesc sau nu? Cum te simțeai când căutai argumentele neiubirii?
— Începeam să tremur de furie.
— Și când ai hotărât să vezi iubirea, te-ai simțit bine?
— Da!
— Cine a hotărât starea ta de acum? Ei sau tu? Manifestarea lor sau decizia ta?
— Păi... eu, nu? Eu, da, eu!
— Cam așa trebuie să vezi viața dacă vrei liniște. Indiferent de acțiunile celor din jurul tău, tu îți hotărăști starea mereu! Fiecare individ are o scuză sau un argument pentru acțiunile sau gândurile sale, conștient sau inconștient. Dar dacă tu înveți să vezi partea pozitivă a vieții, vei fi mereu fericit. Viața nu e bună sau rea. Este cum te pregătești tu s-o vezi. Când te gândești la lucruri rele, cum te simți?
— Rău!
— Când te gândești la lucruri bune, cum te simți?
— Foarte bine!
— Cine hotărăște la ce te gândești tu?
— Eu... am înțeles acum! Fain!
Zâmbea.
— Hai să mergem mai departe! Tot cu întrebări! Tu, dacă ai avea doi copii și ai ști că unul face treaba perfect și repede, iar unul lent și greșit, și că ar trebui să mai faci încă o dată după el același lucru, pe cine ai pune să facă treaba?
— Da, dar...

— Stop! Ai spus 'da'! Tot ce urmează după 'dar' sunt toate argumentele ce te duc la suferință.
— Hmm, cam da!
— Păi, dacă vrei neapărat să suferi, să știi că nu trebuie să mai cauți argumente. Suferă și gata. Dar dacă nu vrei să suferi, trebuie să înțelegi că mereu ai două variante: să-ți faci treaba râzând sau plângând. Oricum ai vrea, tot vei face! Tu hotărăști.
Se gândea... zâmbea. Ar fi vrut să râdă, dar încă voia să mai transmită suferința.
— Bine. Hai mai departe. Teoretic, pe mintea ta, pe argumentele tale, pe care dintre copii ai iubi mai mult: pe cel în care ai încredere sau pe cel în care n-ai încredere?
— Dacă ar fi copiii mei, pe amândoi. Dar dacă ar fi vorba de doi prieteni, aș iubi mai mult pe cel în care am încredere.
Zâmbi. Știa că a arătat că e isteț.
— Văd că începi să manifești istețimea. Nu te simți mai bine așa? Părinții își doresc ca și copiii să le fie și prieteni, nu doar copii.
— Adică vreți să spuneți că mama și tata, de fapt, pe mine mă iubeau mai mult?
— Vreau să spun că nu știu dacă te iubeau mai mult, dar te iubeau cu siguranță. Pot spune cu siguranță că responsabilitatea o dai celui care o poate duce mai mult și celui în care ai cea mai multă încredere!
— Ce prost sunt!
Și-și trase o palmă peste frunte.
— Minunea
se împlinise odată cu revelația! Copilul își trase cu mâna dreaptă o palmă peste frunte...

Așadar, copilul își argumentase neputința cu invalidarea mâinii drepte, cea lucrativă. Dacă el nu mai putea lucra, părinții erau obligați să-l pună pe fratele cel mic să facă exact ce făcuse și el la vârsta fratelui. Așa le demonstra că și fratele mic mai poate, iar el se degreva de sarcinile zilnice. Când neputința psihică și emoțională ne este pusă la îndoială, mai mereu generăm un traumatism biologic demonstrat științific și argumentat printr-un diagnostic, pentru a concretiza neputința în fața celor din jur! Asta este efectul în cazul bolilor psihosomatice. În multe cazuri, odată rezolvată problema declanșatoare psihoemoțională, începe recalibrarea biologică, pentru că nu mai este necesară ca demonstrație a neputinței.

    Tatăl a revenit, îndoielnic, spășit, cu povara vinovăției. A fost primit cu o îmbrățișare strânsă și cu un „Te iubesc, tata" și un „Iartă-mă, am înțeles tot". Plângeau amândoi, dar de bucurie.

    Asta a fost prima zi! Primul pas. A fost făcut corect, și amândoi, suflete minunate, s-au deschis cu bunăvoință și au dobândit ce era de drept al lor: fericirea. Au mai urmat trei zile de terapie, tot cu mâna pe umărul și sufletul copilului. După care, doctorul trebuia să ia o decizie. A mai făcut un RMN. Aici s-a demonstrat că direcția era perfectă: se resorbise aproape 70% din tumoare. Copilul ridica mâna deasupra capului. Își redobândise mobilitatea.

    Profesorul doctor B. m-a rugat să vin la o discuție. Ne-am întâlnit. Mi-a explicat, foarte profesional și etic, că el nu crede în terapii alternative, dar nu poate nega diferența dintre rezultatele RMN-urilor. Era bucuros că se formase o membrană în jurul tumorii articulației și că mâna, cu articulație și omoplat, putea fi îndepărtată fără riscul împrăștierii celulelor canceroase. Pentru el, era minunat că tumoarea se micșorase semnificativ, favorizând o amputare fără riscuri. A exprimat clar beneficiile acestui rezultat, dar fără a renunța la ideea operației, care făcea parte din protocolul medical standard, aproape obligatoriu în sistemul medical european. Bucuria era mare, dar insuficientă pentru a renunța la operație. Totuși, a făcut o propunere: să lucrez sub observația lui, să particip la vizitele medicale zilnice, să-mi dau cu părerea și să încerc să ajut, cu acordul aparținătorilor, până la limita definitivă medicală.

    Am obținut câteva zile suplimentare de terapie pentru băiatul cu umărul. A fost suficient. Făceam terapie în spital, iar profesorul îi făcea RMN la fiecare 2-3 zile, fiind de acord cu părinții ca, în cazul în care terapia mea se oprește ca efect, să intervină chirurgical. Eram fericiți cu toții de soluția tranzitorie. Problema a apărut când tumoarea s-a resorbit până la 90%, iar băiatul a cerut externarea. Voia să meargă la școală! Îi era dor de viață, de mamă, de frate, de prieteni. Știam că terapia trebuia continuată până la dispariția completă a tumorii, dar înțelegeam și cheful de viață ce-i revenise. Cu promisiunea că va veni la fiecare sfârșit de săptămână pentru două zile de terapie, a plecat din spital și din terapia mea.

Am rămas în colaborare cu profesorul doctor B. , cu care m-am împrietenit și am lucrat un an. Nu înțelegea ce fac și cum fac, dar era onest față de rezultatele avute asupra copiilor și părinților, fie din punct de vedere emoțional, fie biologic. Mi-a plăcut tare mult de el, chiar dacă nu credea în metodele mele. Mă respecta pentru că puneam suflet și pentru că rezultatele erau notabile. Eu îi apreciam profesionalismul și empatia față de copiii pacienți. Mai mereu, când mergea în vizite de dimineață și citea diagnosticele copiilor din saloane, se întorcea cu fața spre fereastră să nu-l vadă copiii, ștergându-și lacrimile pentru cei pe care îi credea fără șanse de supraviețuire. Pentru mine, era ușor: unde apărea lacrima lui, apărea menirea mea. Acolo, dacă primeam încuviințarea părinților, mă apucam de treabă.

4.3. Alte două povești din spital – lecții despre dor și supraviețuire

Vreau să relatez două cazuri care se potrivesc educației familiale, petrecute în spital, apoi voi reveni la băiatul cu osteosarcom.

Trecuseră cam 6-7 luni de când lucram în spital, cu 3-4 copii pe zi. Dar mai aveam și obiceiul să ne jucăm, să facem jocuri. Într-o zi, pe la prânz, am intrat într-un salon unde patru copii jucau cărți pe un pat. Mi-am luat repede mintea de copil și m-am pus lângă ei, spunând că vreau și eu. Au râs și au chicotit între ei, primindu-mă și împărțindu-mi cărți. Am început să jucăm. Nu conta dacă pierdeam sau câștigam. Treaba mea era să-i fac să râdă. O fetiță tare frumoasă, blondină, cu ochii mari și albaștri, era în dreapta mea. Ea râdea cel mai tare, uneori gratuit. Era drăguță tare. Am început s-o studiez. Nu era printre pelerinii mei, dar ceva mă atrăgea la ea. Avea un bandaj subțirel pe tibia piciorului. Mama ei era în spatele nostru, ne urmarea amuzată. I-am făcut semn, iar ea mi-a răspuns, tot prin semne, că fetița va rămâne fără picior. Mi-am dat seama că pansamentul era probabil aplicat în urma unei biopsii. Avea osteosarcom și ea, micuța.

În dinamica jocului și a râsetelor, mai puneam „din greșeală" mâna pe piciorul ei să văd ce simt și ce se întâmplă. La un moment dat, am lăsat mâna mai mult pe picior și ne-am jucat în continuare cu aceeași veselie. Nu am stat mai mult de 15 secunde. Mâna fetiței s-a pus deasupra mâinii mele și, cu drăgălășenie, mi-a dat-o la o parte, râzând. După câteva minute, am reluat „tot din greșeală".

Fața a avut aceeași reacție. Și iar, și iar. La un moment dat, s-a oprit și, serioasă, mi-a spus:

— Domnul Iulian, să nu credeți că nu știu ce vreți să faceți!

Eu, părând nedumerit:

— Ce? Ce fac? Ce am făcut?

Fetița, de 9 ani:

— Știu eu, sunteți șmecher! Știu ce vreți să faceți! Știu cine sunteți!

— Ce? Ce vreau să fac? Cine sunt?

— Dumneavoastră vindecați copii din spital, știu eu! Vreți să mă vindecați!

— Așa, și? Tu nu vrei?

— Nu! Nu vreau! Nu mai puneți mâna pe picior!

M-am blocat. Fața nu era îndoielnică asupra vindecării. Dimpotrivă, era sigură că o pot vindeca, dar nu voia!

— Bine, drăguțo, uite, iau mâna. Nu o mai pun. Dar explică-mi și mie, să știu să nu mai greșesc altă dată!

— Păi, am spus! Nu vreau să mă vindecați!

Mama devenise agitată, apropiindu-se de patul unde ne jucam. Am întrebat-o din privire când e programată operația de amputare, iar ea mi-a făcut semn că a doua zi. M-am întors la fată:

— Te iubesc! Gata, am înțeles! Nu fac nimic fără voia ta. Dar tu știi ce se întâmplă dacă nu te vindeci?

— Da! Normal că știu! Îmi taie domnul doctor piciorul!

— Și... tu vrei să-ți taie piciorul? Nu vrei să încercăm să-l păstrăm? Aștept să spui că vrei. Dar, altfel, învățăm și alte lucruri de la un copil.

— Nu! Nu vreau să-l păstrez!

— Glumești? Haha! Păi, cum nu vrei? Explică-mi, să învăț și eu!

— Păi, dacă nu-mi taie doctorul piciorul, nu vine tata din Germania de la muncă să mă vadă!

M-am blocat. Și eu, și mama.

— Păi, cum așa?

— Tata mi-a promis că, dacă mă operez, vine și el să mă vadă!

— Am înțeles! Deci, pentru tine, în acest moment, e mai important să-l vezi pe tata decât să nu pierzi un picior!?

— Păi, da! Normal! Nu l-am văzut de 2 ani!

Înțelesesem despre ce era vorba. Mama începuse să plângă și a ieșit din salon. M-am mai jucat pe mutește 2-3 minute cu copiii, care chicoteau și erau la fel de amuzați ca înainte. Am ieșit după mamă. Sprijinea peretele și plângea. Am luat-o de mână și ne-am retras într-un hol.

— Ce se întâmplă? De ce tatăl nu și-a văzut fața de 2 ani? De când era bolnavă fata? Care e situația între voi?

— Ne-am despărțit! El a plecat în Germania la muncă. Nu ne înțelegeam. Cred că avea pe altcineva!

— Mai, fată a lui Dumnezeu, iar spune-mi, tu ai vorbit de față cu fața despre faptul că tatăl ei e cu altcineva, că e curvar sau alte lucruri în detrimentul fostului soț?

— Păi, i-am spus adevărul. Ce era să fac?

— Mai, femeie, copilul nu e un adult ca să înțeleagă. Tu nu i-ai spus ca să înțeleagă altceva decât suferința și dreptatea ta, nu vreun adevăr! Tu aveai nevoie de mângâiere. Tu ai încercat, în lipsa iubirii, să-ți faci aliat împotriva celui care spui că te-a băgat în suferință. Dar nu ți-ai dat seama că acel aliat este copilul lui și că un copil trăiește prin simțire, nu prin rațiune. Tu ai judecat și blestemat cu voce tare ceea ce ea iubea în egală măsură ca și pe tine! De aici, ruperea! Nu vezi cât îl iubește? Mai mult decât pe propriul picior! Eu spun să-ți recalibrezi gândirea pe realitatea evenimentelor fetei, nu a tale, și să vezi ce faci cât mai ai timp.

— Aveți dreptate. Mi-am dat seama acum, când ați vorbit cu fata! Vă mulțumesc! Am greșit! Eu mi-am îmbolnăvit fata! Eu o voi vindeca.

În aceeași zi, s-au externat. M-a sunat mama după două săptămâni: erau în provincie, la ei acasă. Tatăl fetei revenise. Familia se reîntregise. Mergeau regulat la control. La trei luni după eveniment, mama m-a sunat plângând de fericire: copilul nu mai prezenta nicio formă de cancer după toate analizele, RMN-urile, biopsiile osoase și alte investigații. Erau tot împreună.

Aș vrea să cred că aceste compensări emoționale sunt cheia rezolvării biologice. Pelerinilor mei li s-au potrivit în foarte mare măsură, dar bunul-simț nu mă lasă să afirm că aceste metode sunt universal perfecte, ci doar perfectibile. Cred cu tărie că o combinație între medicina convențională și diversele terapii alternative poate crește garantat șansele unui pacient. Pentru mine, a salva o viață dintr-o mie face cât o mie de vieți.

Al doilea caz pe care vreau să-l povestesc este asemănător, dar cu un final diferit. Într-o rezervă, câteva saloane mai încolo, am găsit o mamă cu o fetiță de 15-16 ani. Era luna noiembrie. Pe pat era o tabletă, la capul patului un laptop și multe jucării. Sacoșe cu fructe și cadouri. Fata, pe care o voi numi A. , fusese operată cu o lună în urmă pentru protezarea articulației genunchiului. Avusese osteosarcom, iar partea canceroasă fusese îndepărtată și înlocuită cu o proteză. Rana nu se închidea, indiferent de medicație și tratament. Am intrat în discuție cu fața și mama ei. Fața era foarte bucuroasă, mama cam sceptică. Nu înțelegeam de ce, dar am aflat în două zile.

A doua zi după ce am stat cu mâna pe genunchiul fetei, rana s-a închis. Am primit acordul doctorului B. să o scot câțiva pași la plimbare pe lângă pat – 2-3 pași. Minunea a fost că, în trei zile, mă plimbam cu fața de mână pe holul spitalului, sute de pași. Fața era superfericită, mama superîncăpățânată. La un moment dat, profesorul doctor a apărut în capătul holului. Ne-a văzut și ne-a întrebat dacă totul e bine. Fata, entuziasmată, a întrebat dacă are voie să vină până la el. A primit acceptul și a plecat din mâna mea, foarte hotărâtă, spre doctor. Erau doar 10-12 pași, dar i-a făcut singură, fericită. Plângeam toți trei de fericire – eu, fața și doctorul. Eram împliniți.

Dar bucuria n-a durat mult. Câteva minute mai târziu, din motive neașteptate, totul s-a schimbat. Doctorul a luat-o de mână pe fată și a condus-o în rezerva unde era mama, zâmbind:

„Gata, doamnă, e perfect! S-a închis rana, fața merge. O mai ținem o săptămână în observație și aducem un kinetoterapeut să lucreze cu ea. Săptămâna viitoare sunteți acasă."

A plecat. Am rămas eu cu fața și mama, care era super nervoasă.

„Ți-am spus să nu ieși, că te vede doctorul! Acum ce facem? Ne trimite acasă! E iarnă! Nu avem geamuri la casă! Nu avem lemne de foc! Surorile mai mari au plecat la casele lor! Cine ne ajută? Vine luna decembrie! Știi că în decembrie vin oameni cu cadouri și mâncare în spitale. Mai primeai și tu un laptop sau două, le vindeam și mai făceam un ban!"

Ce să vă spun... am amuțit. Am ieșit încet afară. Îmi venea să urlu. Nu conta sănătatea copilului. Înțelegeam sărăcia mamei, dar nu înțelegeam împotrivirea asupra sănătății propriului copil. Dar cine eram eu să judec? Încercam doar să înțeleg. Am găsit o rezolvare. Am dat un telefon la o fostă pelerină care lucra la o televiziune. Aceasta a găsit o soluție și, în două săptămâni, au renovat toată casa, au pus geamuri, sobe, termosistem, au schimbat acoperișul. Casa devenise superbă, utilă, călduroasă.

A fost prea târziu. Din a doua zi, mama fetei nu m-a mai lăsat să mă apropii. Rana s-a deschis din nou. La o lună, fața și-a pierdut piciorul. Au ajuns în casa nouă în ianuarie, cu toate cadourile de sărbători primite. Fața mi-a trimis o poză pe ascuns, stând într-un picior, arsă la față și rulată, cu brațele deschise. Mi-a mulțumit și mi-a spus să nu fiu supărat, pentru că ea e fericită! Am urmărit-o câțiva ani. Mai scria uneori la bine, alteori la rău. A rămas însărcinată și a născut. Tatăl a plecat. A apărut alt tânăr care a avut grijă de ea și de copilul ei vreo patru ani. Acum are un copil și cu el. Sunt bine. A găsit un suflet bun.

Aceste povești le-am subliniat pentru că ele conțin **coduri de supraviețuire și recalibrare**. Ele sunt lecții despre dor, despre ce înseamnă să alegi fericirea chiar și în pierdere, și despre cum iubirea – sau lipsa ei – modelează destine.

4.4. Revenirea la băiatul cu umărul – o lecție despre fericire

Să revin la băiatul cu osteosarcom, care promisese că va reveni la terapie în fiecare săptămână. A venit de două sau trei ori, apoi a dispărut. Voia să facă școala de șoferi, să conducă tractorul. Tatăl i-a cumpărat o mașină. La un an, băiatul mi-a scris un mesaj: „Nu am știut să fiu fericit cu două mâini! Dumneavoastră m-ați învățat să fiu fericit cu o singură mână." Mi-a trimis o poză cu el la volanul mașinii. Tatăl mi-a spus că băiatul nu a mai vrut să vină la terapie pentru că se eliberase de povară și nu mai conta dacă pierde mâna, căci știa că va fi toată viața fericit. A învățat că el hotărăște fericirea, nu mama, nu tata, nu fratele, nu viața și nu mâna.

Această lecție m-a marcat profund. Băiatul a ales fericirea ca stare activă, nu ca destinație, așa cum am descris în Capitolul 1. A învățat că fericirea nu depinde de circumstanțe externe, ci de decizia interioară de a trăi în armonie cu sine. Pierderea mâinii nu a fost o înfrângere, ci o eliberare – o dovadă că menirea lui era să descopere puterea de a alege bucuria, indiferent de ce îi ia viața.

4.5. Lecții din traume – coduri de supraviețuire și recalibrare

Aceste povești – băiatul cu osteosarcom, fetița de 9 ani, adolescenta cu proteza și pacienta devenită doctor – sunt mai mult decât relatări. Ele sunt **coduri vii**, lecții despre cum trauma poate fi transformată în înțelepciune, despre cum iubirea, iertarea și asumarea responsabilității pot schimba nu doar destine individuale, ci și dinamica familiilor și comunităților. Iată câteva lecții esențiale:

-**Suferința este un semnal, nu un destin.** Băiatul cu osteosarcom a arătat că boala poate fi o manifestare a unei neputințe emoționale nerezolvate. Când și-a eliberat furia și frustrarea, corpul său a răspuns, reducând tumoarea. Suferința nu este o condamnare, ci un apel la recalibrare.

-**Iubirea modelează alegerile.** Fetița de 9 ani a ales pierderea piciorului pentru a-și revedea tatăl, arătând că iubirea poate fi mai puternică decât instinctul de autoconservare. Această lecție ne amintește că, pentru copii, conexiunea emoțională este vitală, chiar mai importantă decât sănătatea fizică.

-**Sărăcia și disperarea pot deturna vindecarea.** Cazul adolescentei A. a dezvăluit cum nevoile materiale pot cântări mai greu decât sănătatea, ducând la decizii care par crude, dar sunt motivate de supraviețuire. Aceasta ne îndeamnă să nu judecăm, ci să înțelegem contextul și să oferim soluții care să răspundă nevoilor reale.

-**Fericirea este o alegere activă.** Băiatul cu osteosarcom a învățat că el hotărăște fericirea, indiferent de circumstanțe. Aceasta este o lecție universală: fericirea nu este o destinație, ci o stare pe care o alegem conștient, chiar în mijlocul pierderii.

4.6. Reflecțiile terapeutului – asumarea menirii fără atașament

În conversațiile noastre, am subliniat că menirea mea este să ofer soluții apropiate sau experimentate, cu scop calitativ benefic, și să trezesc conștiința individului spre o cale sustenabilă. După aceea, mă opresc. Nu e treaba mea ce alege fiecare. Îl respect cu orice alegere. El trebuie să accepte și repercusiunile alegerilor făcute. Dacă îl fac să înțeleagă asta, mi-am împlinit menirea.

Mă focusez pe ce am făcut și ce am realizat, nu pe ce nu am reușit din cauza hotărârilor pacienților. Mă bucur mereu de ceea ce obțin, înainte de a mă întrista pentru ceea ce nu am obținut. Această abordare m-a ajutat să gestionez cazurile dificile, precum cel al adolescentei care și-a pierdut piciorul. Nu am un ritual anume, ci o stare de prezență: sunt atent la ce am de făcut, nu la ce nu ține de mine. Fiecare succes, oricât de mic, este o ploaie care hrănește copacul menirii mele.

„Până aici e drumul meu"

Indiferent câte metode aș pune la dispoziția unui om în suferință, indiferent câte uși aș deschide și câte oglinzi i-aș arăta, alegerea îi aparține. Uneori o face cu voce tare, altoeri în tăcere. Uneori o înțelege, altoeri doar o simte. Poate fi conștientă, poate fi instinctuală, poate veni dintr-o rană veche sau dintr-un vis încă neatins. Dar este alegerea lui.

Și nimeni, niciodată, nu poate ști cu certitudine dacă altă alegere ar fi dus la un alt destin. Nici eu, nici părintele, nici medicul, nici terapeutul, nici chiar suferindul. Pentru că dorința de vindecare nu este un simplu „DA" spus unei proceduri. Este o reconfigurare profundă a sensului. Și atunci întreb: vindecare dorită de cine și pentru cine? De terapeut, ? De sistem? De Dumnezeu? Sau de o parte a sufletului suferindului care nici măcar nu știe că are voie să se vindece?

Aici e, poate, cea mai delicată graniță din existența mea ca ghid: eu ofer unelte, dar nu forțez niciodată mâna. Eu propun, dar nu impun. Eu întind palma, dar nu trag de nimeni. Și tocmai în această necondiționare a drumului se află adevărata formă de iubire.

Menirea mea nu este să salvez toți oamenii. Menirea mea este să ofer – din experiență, din observație, din har, din suferința proprie – soluții testate, omenești, reale. Să le pun la dispoziția celui care caută, cu scop clar: să îi trezesc conștiința și să îl conduc până la prima intersecție a adevărului său.

După aceea, mă opresc.

Acolo unde se desparte rolul meu de cel al celui care a venit la mine, eu nu forțez nimic. Alegerea lui devine sacru. Fie că e una care duce spre lumină, fie că e o ocolire care-l va face să revină altcândva, îi respect decizia cu demnitate și fără atașament. Cine alege, trăiește consecințele. Cine fuge, poartă rănile alegerii. Dar oricine a fost ajutat să aleagă în cunoștință de cauză, a fost deja salvat în profunzime. Iar dacă nu salvat, măcar împuternicit.

Eu nu trăiesc cu gândul la ce nu s-a reușit. Eu trăiesc cu recunoștință pentru ceea ce am reușit. Pentru lacrima care s-a oprit. Pentru durerea care s-a spus. Pentru copilul care a început să zâmbească. Pentru omul care a plecat cu un gram mai mult de lumină decât a venit.

Aceasta este victoria mea. Aceasta este vindecarea mea.

Până aici e drumul meu. Dincolo este drumul lui.

Iar eu... îl binecuvântez.

REFLECȚII ȘI LECȚII PENTRU DEZVOLTARE PERSONALĂ

NOTĂ ȘTIINȚIFICĂ (pe scurt)

-PNI (psiho–neuro–imunologie): stresul cronic menține cortizolul și inflamația; decizia clară + co-reglarea (prezență liniștită) reduc reactivitatea simpatică.

-Nervul vag / parasimpatic: respirația egală 4–4, contactul vizual benevolent și atingerea sigură cresc tonusul vagal → scad frecvența cardiacă și tensiunea internă.

-Iertarea interioară ≠ negație: scade ruminația, reduce hiper-reactivitatea amigdalei și permite cortexului prefrontal să reevalueze; iertarea nu implică întoarcerea în relații nesigure.

-Co-reglare și siguranță socială: relațiile sigure cresc variabilitatea ritmului cardiac (HRV) și capacitatea de autoreglare; comunitatea funcționează ca „baterie externă" pentru sistemul nervos.

-Micro-gesturi somatice: apă, mers 10 minute, duș cald, ancorare senzorială — utile pentru ieșirea din blocaj (freeze) sau hiperactivare (fight/flight).

-Fericirea este o alegere activă, nu o destinație; corpul urmează decizia interioară.

-Iubirea (relația) poate cântări mai mult decât instinctul de conservare: nu judeca, înțelege contextul.

-Limitele sunt o formă matură de iubire: compasiunea nu exclude siguranța și adevărul.

-Când nu mai fug din fața durerii, sistemul se reglează: prezența calmează, explicațiile vin după.

-Sărăcia și disperarea pot deturna vindecarea: soluția este sprijinul concret + demnitatea, nu moralizarea.

-Nu pot controla alegerile altora; pot oferi unelte și respect pentru decizia lor.

CODURI DE CONȘTIINȚĂ ACTIVE ÎN ACEST CAPITOL

1.6 – Prezența Transformatoare (rămân, ascult, reglez).

1.5 – Comunitatea Vindecătoare (cer și ofer sprijin real).

1.4 – Recunoașterea (adevărul fără rușinare, spus cu blândețe).

1.2 – Simbioza (echilibru între a primi și a dărui).

2.14 – Eliberează-te de moștenirea dureroasă (onoare fără repetiție).

2.15 – Integrarea umbrei (din negare în asumare).

4.21 – Exercițiul nu vindecă. Decizia o face (momentul „ajunge").

4.22 – Oprește fuga (încetează evitarea, apar resursele).
4.23 – Alegerea conștientă (eu hotărăsc starea mea).
4.24 – Întrebarea care schimbă totul: „Ce aleg să nu mai tolerez?"

ÎNTREBARE CĂTRE CITITOR

-Ce aleg să nu mai tolerez, de azi, în felul în care răspund durerii mele?
-Unde pot spune un „nu" sănătos în următoarele 24h (o limită observabilă)?
-Ce gest concret de grijă fac pentru un copil (al meu sau din jur), fără să judec?
-Cui îi cer sprijin pentru pasul următor (un om viu / o comunitate)?

MICRO-PRACTICĂ (2–5 minute)

-Scriu: „Aleg să nu mai tolerez [X] și aleg [Y]".
-Trimit un mesaj clar (limită/nevoie) unei persoane-cheie.
-3 minute de respirație egală (4–4) – îmi simt palmele și tălpile, repet: „Sunt aici. Nu fug."
-Fac un gest de îngrijire imediat (apă, duș, 10 minute mers, mâncare simplă).
-Notez numele persoanei la care voi apela ca martor benevolent.

Mențiune de protecție (important)

Acest volum și capitolele sale „Practică" au un caracter educațional și de igienă emoțional-integrativă. Ele NU înlocuiesc consultul, diagnosticul sau tratamentul oferite de medici, psihiatri ori psihologi/psihoterapeuți acreditați. Autorul nu este medic, psihiatru sau psiholog și nu oferă servicii clinice ori psihoterapie.

Codurile și exercițiile descrise NU se aplică în situații clinice diagnosticate, în caz de criză, în spitalizare sau sub observație medicală/psihiatrică, fără acordul prealabil al specialistului care vă are în grijă (medic curant/psihiatru) sau al tutorelui legal, după caz. În urgențe sunați la 112.

Dacă alegeți să lucrați cu alții, folosiți materialele doar ca practici de sprijin uman-emoțional, nu ca psihoterapie sau act medical. Nu vă prezentați drept „psiholog/psihoterapeut/medic" dacă nu aveți acest drept; nu stabiliți diagnostice, nu recomandați întreruperi de tratament și nu interveniți peste indicațiile clinice. Obțineți consimțământ explicit, respectați confidențialitatea și limitați-vă la competența personală.

Această carte promovează cooperarea cu specialiștii din sănătate (medicină, psihiatrie, psihologie). Materialele sunt oferite ca sprijin integrativ — pot susține procesele clinice unde este cazul, dar nu le substituie.

Introducere către capitolele „Practică"

„Geniile se nasc din traume." Această introducere este, ea însăși, un cod: te invită să transformi suferința în direcție, iar direcția în menire.

După ce ai parcurs Preambulul, Codurile, Fișele de lucru si ai luat parte la cateva dintre povestirile mele cu si despre pelerini poate că ai simțit exact ce îmi spun mulți oameni: „Bine, am înțeles. Dar cum arată, concret, o sesiune? Ce zic, ce fac, ce urmează după?" Din dorința de sustenabilitate – adică de a te ajuta să te ajuți, iar apoi să îi poți ajuta și pe alții în siguranță – am ales să includ câteva capitole de practică. Ele sunt imaginate, dar extrase din dorințele reale ale majorității celor care suferă. Nu sunt rețete universale, ci hărți pe care le poți urma și adapta. Scopul nu e doar să citești, ci să aplici: prin voce, prin respirație, prin micro-decizii care schimbă topografia interioară.

Aceste capitole există pentru ca metodele sustenabile de lucru cu codurile să circule mai repede în umanitate — prin viu grai și practică, nu doar prin lectură. Finalul dorit? Ca fiecare cititor să aibă șansa, la timpul potrivit, nu doar să fie propriul terapeut, ci să genereze menire din propria traumă.

Ce vei găsi în capitolele „Practică"
- Contextul – cum arată pragul la care ajunge pelerinul (simptome, poveste, frică activă).
- Pregătirea spațiului – acord, limite, respirație de ancorare, intenția sesiunii.
- Activarea codurilor – menire, răul transformator, comunitate, recunoaștere & limită, decizie, iertare (sau altele, după caz).
- Întrebări de lucru – formulări exacte, ca să nu te rătăcești în explicații.

-Momentul de tensiune – ce faci când apar rezistența, rușinea, furia, plânsul.
-Micro-decizia – un act mic, executabil în 24 de ore (testul real al schimbării).
-Închiderea – cum ancorezi câștigul în corp și în viața de a doua zi.
-Fișă de practică – 3–5 puncte de jurnal pentru următoarea săptămână.

Cum să folosești capitolele Practică
-Alege un singur cod pe care să îl lucrezi într-o zi (nu toate odată).
-Setează o intenție la început (o propoziție scurtă, la timpul prezent).
-Rostește cu voce tare întrebările – vocea fixează traseul în corp.
-Execută micro-decizia în 24 de ore (fără negocieri interioare).
-Notează în jurnal ce s-a schimbat în respirație, în somn, în dialogul interior.
-Repetă 7 zile – transformarea are nevoie de ciclicitate, nu de eroism.

Etică & sustenabilitate (când lucrezi cu alții)
-Auto-aplicare înainte de aplicare – nu oferi ceea ce încă nu ți-ai oferit ție.
-Consimțământ explicit – întreabă: „Vrei să lucrăm acum? Până unde?"
-Respectă limitele – terapia nu e spectacol. Nu împingi, însoțești.
-Trimite mai departe când e nevoie – codurile nu înlocuiesc îngrijirile medicale sau psihoterapia; colaborează cu ele.
-Fără etichete – lucrăm cu ceea ce este viu („Ce simți acum?"), nu cu diagnostice aruncate în grabă.
-Construiește comunitate – doi oameni vii lângă un om în prag valorează mai mult decât o idee strălucitoare spusă de unul singur.

De ce „practică"?

Pentru că integrarea nu se întâmplă în cap, ci în corp, în voce, în relații și în calendar. Cititul luminează; practica re-scrie. „Geniile se nasc din traume" nu e un slogan: e o direcție. Trauma îți arată unde s-a rupt fluxul; codurile îți arată cum îl readuci în curgere; practica îl fixează în ziua de mâine. Așadar, trauma îți sporește empatia și naște nevoia de a găsi și folosi coduri funcționale pentru rezolvarea crizelor personale; apoi, aceste coduri devin repere pentru a-i sprijini pe cei aflați în stadii similare ale parcursului tău psiho-emoțional.

Capitolul 8

Noaptea în care s-au deschis codurile

Practica 1 – 6 coduri activate în viață

Pe la 22:15, Mara a deschis ușa cabinetului cu o prudență stranie, ca și cum dincolo de ea nu ar fi fost un om, ci o vreme. În spatele ei, frigul de noiembrie ținea în loc aerul de pe hol. A intrat și a rămas în picioare, cu mâinile strânse la piept, ca într-o rugăciune pe care încercase s-o uite.

— Uite, îți spun de la început, a rostit precipitat. Nu mai pot. Și nu știu exact de unde să apuc asta. Am o fiică pe care o iubesc, o mamă bolnavă, un job care mă stoarce și un bărbat care a plecat fără să spună nimic. Mi-au rămas în casă tăcerile lui. Le aud când spăl vasele.

Am făcut semn spre scaun. A șezut încet, ca și cum se temea că scaunul ar putea fugi. Tăcea, dar pleoapele îi tremurau. În tăcerea aceea am înțeles repede: nu era doar oboseală; era un prag. Există nopți care nu cer rețete. Cer prezență. I-am întins un pahar cu apă. A băut o înghițitură, apoi a ridicat privirea spre mine ca și cum ar fi cerut voie să înceapă să trăiască.

— De ce doare așa? a întrebat.

— Pentru că te aperi de ceva ce e al tău, i-am răspuns. Hai să vedem de unde începe firul. Nu o să-ți promit nimic. Doar rămân aici.

În loc de anamneză, am propus un adevăr mic. Să nu ne luăm la trântă cu tot destinul ei. Să atingem doar locul care ardea. A închis ochii și a pus o mână pe piept.

— Dacă aș putea cere ceva... a șoptit. Aș cere să pot respira fără vină.

Atunci am știut că în seara aceea nu vom căuta explicații, ci coduri. Câteodată, explicația e doar un drum mai lung spre aceeași ușă.

1.1. Codul Menirii: Găsește-ți zona unde prezența ta lucrează fără efort

Menirea nu e o profesie, nici o chemare mistică, nici un rol impus de societate. Este acel spațiu interior și exterior unde prezența ta începe să repare lucruri fără să-ți propui.

— Ce se întâmplă cu tine când ești doar cu fetița ta? am întrebat.

— E liniște. Adică nu e perfect, dar e liniște. Îi fac clătite. Mă așez pe jos și colorăm. De acolo nu mă mai doare nimic. Parcă e altă casă.

— Ce faci la job?

— Coordonare. Ședințe. Excelse. Calendar. Mă pricep, dar după fiecare zi simt că mi-am mâncat inima.

— Dacă existența ta ar avea un loc unde se reface singură, cum ar arăta?

— Ca atunci când stau cu ea... sau când desenez. De mică desenam. Dar îmi e rușine să spun asta. Sună copilăresc.

— Menirea ta nu sună. Funcționează. Când ești în locul potrivit, oamenii lângă tine se liniștesc fără explicații. Acolo începe reparația. Nu te întreb ce vrei să devii, ci unde ești vie fără să te consumi.

Mara a oftat. Oasele umerilor i s-au lăsat, ca și cum cineva îi luase o greutate nevăzută.

— Dar nu pot trăi din asta, a spus repede. Trebuie să plătesc facturi. Să am grijă de mama. Să...

— Nu-ți cer să renunți la tot. Îți cer să pui în program spațiul în care viața ta se repară. Jumătate de oră pe zi. Dacă prezența ta repară acolo, și restul zilei începe să se reorganizeze. Nu te ascunzi într-un vis. Te așezi într-un adevăr.

— Dacă n-o să iasă?

— Atunci vom ști. Dar până nu pui corpul acolo, mintea o să te mintă că „nu se poate".

În colțul gurii i-a apărut un zâmbet fragil. A dat din cap. În seara aceea am chemat primul cod fără s-o oblig să-l numească. Menirea. Locul în care ea nu era un rol, ci un izvor.

1.3. Codul Răului Transformator: Învață din cădere. Întreabă-te ce ai refuzat să recunoști

Răul, în forma sa brută, nu este doar o întâmplare exterioară. Este un semnal brutal că ai ignorat o lecție, un adevăr, o nevoie profundă.
— Spune-mi de plecarea lui, i-am cerut. Nu ca să-l judecăm. Ca să înțelegem ce anume te-a lovit în tine.
Mara a privit spre fereastră. Afară ploua fără zgomot. A început să vorbească rar, cu pauze lungi, ca și cum scotea din apă cutii grele.
— Nu a plecat într-o zi. A plecat în bucăți mici. Întâi a adormit la televizor în fiecare seară. Apoi nu m-a mai întrebat nimic. Apoi a râs când i-am spus de terapie. Apoi... m-a anunțat că „are pe cineva". Mi-am zis că e vina mea. Că n-am fost destul. Că trebuia să tac.
— Ce ai refuzat să recunoști, înainte să plece?
A închis ochii, ca să poată auzi o voce din interior pe care o ocolea de ani.
— Că eu eram plecată de mai mult timp. Că m-am mutat în grijă și în muncă. Că n-am mai iubit, doar am ținut în viață o casă. Că i-am dus dorul bărbatului care fusese cândva, nu celui care era lângă mine.
— Răul nu vine să te umilească. Vine să te trezească. Nu-ți cer să te întorci la el. Îți cere să vezi ce ai ales fără să știi.
— Și ce fac cu asta?
— Îi mulțumești că te-ai trezit. Și alegi altfel. Nu pentru el. Pentru tine.
— Asta e iertare?
— Nu. Dar e drumul până la ea.

1.5. Codul Comunității Vindecătoare: Cei care cred în tine sunt parte din vindecarea ta
Oricât de puternic ai fi, nu te vindeci singur. Vindecarea nu e o operație solitară.
— Nu am pe nimeni, a spus brusc. Prietenele mele s-au împuținat. Lumea s-a făcut mică. E doar mama, fetița și eu. Și tăcerea casei.
— Asta nu e o comunitate. E un asediu. Ai nevoie de oameni sănătoși lângă tine. Nu mulți. Doi sunt de ajuns.
— Pe cine? Eu nu am cui să cer. De fiecare dată când am cerut m-au făcut să mă simt mică.

— Când ceri milă, primești milă. Când ceri echitate, primești echitate. Nu te du la cei care au nevoie să te vadă jos ca să se simtă sus. Du-te la cei care pot sta lângă tine fără să te măsoare.
Mara a râs scurt.
— Pare SF.
— E doar neobișnuit pentru tine. Uite, îți propun un exercițiu. Mâine scrii trei mesaje scurte: unuia pe care îl respecți, unuia cu care nu ai vorbit de mult și unuia de la care ai primit cândva o formă de bunătate. Textul e acesta: „Am nevoie de o cafea cu un om viu. Ai timp săptămâna asta?" Și te duci doar la cei care spun simplu: da. Fără dramă, fără judecată.
— Și dacă nu răspund?
— Atunci nu sunt ai tăi. Continuăm până găsim doi. Și îți iei un loc într-un grup sănătos. Nu pentru sfaturi. Pentru rezonanță.
— Îmi e teamă. Dar pot încerca.

1.4. Codul Recunoașterii: Respectă-ți darul și cere echitate, nu milă

Nu există dar autentic care să nu fie însoțit de riscul de a fi ignorat sau exploatat. Multe ființe sensibile oferă prea mult, prea repede, așteptând ca ceilalți să simtă ce valorează.

— La servici, am continuat, ce anume te consumă cel mai mult?
— Faptul că eu țin totul. Și că dacă nu țin, totul cade. Și că nu e nimeni să vadă asta. Că primesc doar „mulțumim" și „mai poți și asta?"
— Și tu ce spui?
— Spun „da". Mereu „da". Pentru că dacă spun „nu", mă tem că se prăbușește tot. Și o să par rea.
— Când spui „da" ca să nu fii rea, te minți pe tine și îi minți pe ceilalți despre limitele tale. Nu e bunătate, e abandon de sine. Îți propun să exersezi o propoziție: „Pot până aici. Peste asta, e alt contract."
Mara a privit în podea, apoi a ridicat ochii cu o hotărâre timidă.
— Asta o să-mi aducă probleme.
— Poate. Dar îți aduce și respect. Al tău, întâi. Recunoașterea nu se cerșește. Se trăiește. Dacă ți-o dai tu, ceilalți vor avea de ales: să se alinieze sau să plece.
— Mi-e frică să nu pierd tot.

— Ce pierzi acum?
A rămas tăcută. Apoi a zâmbit amar.
— Pe mine.

1.8. Codul Împuternicirii prin Decizie: Fiecare are propriul drum
Adevărata putere personală nu se activează prin forță sau idealuri — ci prin decizie. Nu prin visare, ci prin asumare.
— Nu-ți cer să promiți un viitor perfect, i-am spus. Îți cer o decizie mică, testabilă. Alegi ca, în următoarele 24 de ore, să faci un singur lucru care îți întărește viața. Unul. Poate fi un „nu" la job. Poate fi să desenezi zece minute cu fetița. Poate fi să scrii cele trei mesaje. Dar alegi.
— Bine. Alege corpul meu sau mintea mea?
— Alege tu. Dar după ce alegi, nu negociezi cu decizia. O execuți. Și observi ce se schimbă în tine.
— Dacă nu simt nimic?
— Atunci decidem altceva. Dar fără decizie, vom vorbi aici la nesfârșit. Iar viața ta va rămâne în același loc.
— Aleg să scriu mesajele. Și să desenez zece minute. Acum îmi tremură mâinile. Asta e decizie?
— E viață. Ține-te de ea.

1.7. Codul Iertării Absolute: Devii asemenea Divinității prin iertare
Iertarea absolută nu înseamnă uitare. Nici negare.
— Ce fac cu furia față de el?
— O spui. O scrii. O pui pe o foaie. Dar nu o lași să-ți scrie viața. Iertarea nu e o medalie morală, e o eliberare energetică. Nu îl scuză pe el. Te eliberează pe tine din povestea lui.
— Cum știu că am iertat?
— Când poți privi în urmă fără să ți se strângă stomacul. Până atunci, nu te grăbi. Dar să nu confunzi iertarea cu întoarcerea. Poți ierta pe cineva fără să te întorci la el.
— Asta pot să înțeleg.
***
În noaptea aceea am ieșit pe hol după ce a plecat. Ploaia trăgea încet obloanele peste întreg orașul. Am rămas cu palma pe clanța ușii câteva secunde. Îmi place să păstrez o clipă de tăcere după

asemenea întâlniri, ca să nu stric ceva invizibil ce s-a reașezat.
A doua zi, la 08:40, am primit un mesaj.
„Am scris. Două au spus da. Una azi la prânz. Am desenat cu Eva zece minute. A râs. Mi-am făcut inimă și am spus la job că nu mai iau ședința de joi. Nu a căzut tavanul. Încă tremur. Revin."
Uneori, deciziile par mici pe hârtie. Dar în corp fac zgomot.
În după-amiaza aceleiași zile, m-a sunat. Vorbea mai repede, ca și cum un râu își găsise albia.
— Am băut cafea cu Andra. Nu m-a întrebat nimic greu. Mi-a zis doar că sunt vie. Și am plâns zece minute fără să-mi ceară explicații. Apoi m-am trezit râzând. M-a prins de mână și mi-a zis: „Ține-te de ce ai hotărât azi." M-am simțit om.
— Asta e o comunitate vindecătoare. Doi oameni care pot sta aproape de tine fără să te repare.
— Mâine mă văd cu celălalt. Și azi i-am spus șefului „până aici". Nu a fost tragedie. A zis „ok, redistribuim". De parcă aștepta să audă asta de la mine de mult. Doamne... cât am trăit în capul meu.
— Câteodată, viața reală e mai blândă decât frica noastră.
— Seara, am desenat. Nu ceva mare. Un copac. Eva a zis „mami, ăsta e copacul nostru". Nu știu de ce, dar am simțit că respir altfel.
— Ți-ai atins menirea pentru zece minute. E de ajuns pentru o zi.

***

Au trecut trei săptămâni. În a patra, a venit cu un caiet. Copertile erau pline cu autocolante. Îl ținea ca pe un animal mic pe care nu vrei să-l sperii.
— Ce e? am întrebat.
— E jurnalul meu. Nu am scris „ce-mi lipsește". Am scris „ce nu mai tolerez". Și am trecut în fiecare zi un singur lucru pe care l-am făcut diferit, ca și cum aș construi o casă din cărămizi mici. Fără febră. Fără promisiuni pe viață.
— Citește-mi o pagină.
A deschis la o filă din mijloc.
— „Nu mai tolerez să vorbesc urât cu mine când greșesc. Azi am spus: am greșit, bun, corectez. Nu sunt o greșeală."
A închis caietul și a zâmbit în colțul gurii. Apoi a făcut ceva neașteptat: a scos din geantă un plic.
— Ce e înăuntru?

— O scrisoare pe care n-o voi trimite. Pentru el. Am scris ce mă doare. Și la final am scris: „Te iert ca să pot trăi. Nu mă întorc." Nu o voi trimite, dar trebuia s-o scriu ca să-mi aud mâna.

— E bine. Câteodată trebuie să-i dăm corpului o dovadă scrisă că am înțeles.

În sesiunea aceea am lucrat puțin cu respirația. Nu tehnic. Doar am stat. Uneori, prezența e tehnica.

— Știi, a spus după câteva minute de tăcere, am început să mă ridic de pe scaun altfel. Ca și cum nu-l mai iau cu mine pe omul ăla care pleca din casă în fiecare seară. E liniște de altă calitate. Nu tăcerea aceea care doare. O liniște care crește.

— Asta e coerență. Când nu te mai rupi în două între ce simți și ce trăiești.

***

Ultima scenă din desseori asemenea procese nu e spectaculoasă. Nu e cu artificii. E cu alegeri mici care devin naturale. În a șaptea săptămână, Mara a intrat în cabinet și m-a privit îndelung, ca și cum ar fi vrut să verifice dacă mai sunt același om.

— Sunt aici, i-am spus, zâmbind.

— Știu. Vocea ei s-a așezat. Am venit să închidem cercul, nu pentru că s-a terminat ceva, ci pentru că a început. Am scos două foi. Vreau să plec cu mine, nu cu o teorie.

— Hai.

Am desenat pe prima foaie un pătrat împărțit în patru. I-am pus nume simple: „Menire", „Comunitate", „Limită", „Decizie". Pe a doua, un cerc cu o săgeată spre exterior: „Iertare".

— Aici e povestea ta de acum: în fiecare săptămână, atingi câte un colț din pătrat, ca să nu uiți că ești vie în toate. Și din când în când, când simți că ți se strânge stomacul, citești scrisoarea pe care nu o trimiți. Nu e pentru el. E pentru tine.

— Pot să mai adaug ceva la pătrat?

— Sigur.

— „Joacă". Pentru că atunci când m-am jucat cu Eva, am simțit că sunt acasă.

— Atunci pune „Joacă" în mijloc. Acolo se întâlnesc toate.

Mara a zâmbit. A rămas câteva secunde uitându-se la foi, ca și

cum asculta o muzică pe care doar ea o auzea.
— Aş vrea să închei cu ceva, a spus. Cu un adevăr mic: eu am crezut că vindecarea o să vină când o să înţeleg tot. Şi vine când fac un lucru mic azi. Şi altul mâine. Şi altul poimâine. Nu e spectacol. E muncă blândă.
— Asta e maturitatea. Nu te grăbi s-o strigi. Doar trăieşte-o.
Am rămas un minut în tăcere. I-am întins mâna. A strâns-o cu putere. Când a ieşit pe uşă, nu mai părea să se teamă că scaunul va fugi. Îl purta cu ea, invizibil.
— Iulian, a spus din prag. Nu mi-ai spus niciodată „bravo". Aş vrea să-l aud măcar o dată. Pentru copilul din mine.
— Bravo, Mara. Pentru că ai ales. Şi pentru că ţi-ai ţinut decizia când ai tremurat.
— Asta o să ţin minte.

Reflecţii & Coduri activate (pentru cititor)
1) **Menirea**: Observă locul în care prezenţa ta repară fără efort. Atinge-l zilnic 10–30 minute. Nu ca fugă, ci ca realimentare.
2) **Răul transformator**: Întreabă „Ce am refuzat să recunosc?" înainte de a căuta vinovaţi. Mulţumeşte lecţiei fără să te întorci la rău.
3) **Comunitatea vindecătoare**: Caută doi oameni vii care pot sta lângă tine fără să-ţi repare durerea. Cere echitate, nu milă.
4) **Recunoaşterea & limita**: „Pot până aici. Peste asta, e alt contract." Spus cu voce calmă, repetat până devine reflex.
5) **Decizia**: În 24 de ore, alege un singur act care îţi întăreşte viaţa şi execută-l fără negociere interioară.
6) **Iertarea**: Eliberează-ţi corpul de poveste. Poţi ierta fără să te întorci. Scrie o scrisoare pe care nu o trimiţi.

Întrebare către cititor:
-Ce alegi astăzi să nu mai tolerezi?
-Ce act mic vei face în următoarele 24 de ore pentru a-ţi întări viaţa?
-Notează-l. Fă-l. Observă ce se schimbă în respiraţia ta.

Capitolul 9

Oglinda din Abis

Practica 2 – 8 coduri activate în viață

Chemarea: Depresie cronică, oboseală absolută, sentimentul că „viața este un scenariu scris de altcineva".

A sosit toamna și cu ea, o tăcere grosolană în cabinetul meu. Nu era liniștea prezenței, ci golul lăsat de un pelerin care plecase cu un răspuns. În acea pauză, a intrat Andrei.
Nu a intrat cu un zgomot, ci cu un fel de absorbție a sunetului. Părea că umplea încăperea nu cu prezență, ci cu o absență îndesată. Avea 34 de ani, dar ochii îi spuneau povestea unui bătrân care a uitat cum se plânge. Își ținea mâinile strânse în poală, de parcă ținea ceva ce nu voia să scape – sau poate tocmai se străduia să nu scape nimic.
„Nu mai pot," a spus el. Cele trei cuvinte au căzut între noi ca niște pietre, goale de emoție, doar obișnuite. „Nu mai pot să mă trec, să merg la serviciu, să vorbesc cu soția. Totul e un efort imens. Doar mă aștept să se termine."
Nu era o criză. Era o stare de lucruri. O moarte lentă, consimțită. Am tăcut. Prezența mea nu avea să-l salveze. Avea doar să-i țină locul până era gata să se salveze singur.

1.6. Codul Prezenței Transformatoare: Terapia nu e intervenție, ci prezență

Terapia profundă nu începe cu o întrebare, nici cu o tehnică.
Începe cu o prezență umană care nu fuge.
„Ce se întâmplă când te aștepți să se termine?" am întrebat, după un veac.
„Apar amintiri," a spus el, vocea lui devenind un șopot. „Vezi, doctorule, eu am avut o copilărie... normală. Părinți buni, casă bună, școală bună. Nu am motiv să fiu așa."
I-am zâmbit blând :
„Realitatea nu este ceea ce ți se întâmplă. Ci ceea ce alegi să interpretezi și apoi să trăiești din ceea ce ți se întâmplă."
(Axioma fundamentală)

A clătinat din cap. „Aleg? Nu aleg nimic. Doar suport."
„Exact. Ai ales să suporți. Și asta e o alegere. Una foarte obositoare."
1.3. Codul Răului Transformator: Învață din cădere. Întreabă-te ce ai refuzat să recunoști
Răul, în forma sa brută, nu este doar o întâmplare exterioară. E un semnal brutal că ai ignorat o lecție, un adevăr, o nevoie profundă.
Răul, oricât de brutal, nu este un dușman de exterminat, ci un semnal brutal că ai ignorat o lecție. Că atunci când „îți merge rău", întrebarea nu e „de ce eu?", ci *„ce am refuzat să înfrunt? Ce am evitat să văd?"*
Andrei a privit în jos. „Mă tem să mă uit. Să fiu sincer, mă tem să fiu fericit."
„De ce?"
„Pentru că dacă sunt fericit, se va întâmpla ceva rău. Ca să-mi anuleze fericirea. Așa a fost mereu."
3.19. Trauma repetată e dovada loialității inconștiente față de părinți sau sistem
O parte din noi vrea vindecare, alta crede că ar fi trădare. Loialitățile tăcute mențin suferința, până le aduci la vedere.
I-am spus că uneori, o parte profundă din noi simte că dacă se vindecă, trădează pe cei care nu s-au vindecat. Poate un părinte care a răbdat în tăcere, un strămoș care a suferit.
Fața lui Andrei s-a schimbat. A devenit mai palidă, dar ochii i-au scăpărat. „Bunicul meu," a șoptit el. „A fost în lagăr. A supraviețuit, dar a rămas mereu trist, mereu precaut. A murit liniștit, dar... trist. Mereu mi-a spus: «Andrei, nu te bucura prea tare. Niciodată nu știi ce vine după colț.»"
„Și tu i-ai făcut cinste," am spus eu. „Te-ai asigurat că nimic nu vine prea bine după colț, pentru că tu însuți anulezi binele înainte să apuce să vină. Ai făcut din viața ta un monument al prudenței bunicului tău. Asta e loialitatea ta."
Tăcerea care a urmat a fost diferită. Era un tăcere plină. Plină de un adevăr care tocmai își arăta fața.
1.9. Codul Oglindirii: Nu l-ai vindecat tu pe celălalt. Te-a vindecat el pe tine
Fiecare relație profundă este o oglindă. Ce te deranjează la celălalt

indică un aspect neacceptat din tine; ce te emoționează, te cheamă.
„Nu l-ai vindecat tu pe celălalt. Te-a vindecat el pe tine." I-am spus că în relațiile noastre profunde, suntem oglinzi. Când te enervează un comportament la altul, este ceva ce nu accepți nici la tine. Când te emoționează lupta cuiva, este și lupta ta.
„Ce te enervează la soția ta?" l-am întrebat.
„Că... trăiește viața atât de ușor. E mereu fericită, optimismul ei uneori mă înnebunește."
„Și când e ea fericită, tu ce simți?"
„...Teamă."
„Exact. Îți este teamă de fericirea ei, pentru că îți amintește de ce *tu* nu-ți permiți. Ea este oglinda ta. Îți arată ce *ai putea* fi, dar îți și arată cât de mult te opui. **Ce te enervează la alții este ceva ce nu accepți nici la tine** – fie vindecat, fie rănit."
Sesiunile noastre au devenit o săpătură arheologică în sufletul lui Andrei. Nu pentru a găsi vinovați, ci pentru a găsi coduri.

2.15. Ceea ce nu am integrat, ne va conduce. Ceea ce respingem, trăim ca lecție.
Tot ce ai trăit, dar n-ai înțeles, rămâne activ în subconștient. Integrarea înseamnă să aduci la lumină partea negată și să-i dai loc.
I-am arătat că tot ce respingem, negăm sau încercăm să îngropăm, se va manifesta în viața noastră – fie ca durere, fie ca blocaj, fie ca repetiție.
El respingea vulnerabilitatea, bucuria necondiționată, dreptul la eșec. Le considera slăbiciuni. Și pentru că le respingea în sine, le atrăgea în soție, pentru a se enerva pe ele acolo, în siguranță.
Într-o zi, după ce a plâns pentru prima dată – un plâns liniștit, obosit, eliberator – l-am întrebat:

4.24. Întrebarea care schimbă totul: „Ce alegi să nu mai tolerezi?" în loc de „Ce îți lipsește?"
Schimbi focusul de la deficit la demnitate. Definind ce nu mai tolerezi, creezi spațiu pentru alegeri noi.
A tăcut lung, privind pe fereastră. „Aleg să nu mai tolerez să mă trădez. Să mă prefund că nu văd ce văd. Să mă tem să fiu fericit."
„Asta e o decizie," am spus. „Și **exercițiul nu vindecă.**

4.21. Exercițiul nu vindecă. Decizia o face.

Fără o decizie clară „nu mai trăiesc în suferință", exercițiile devin mecanice. Decizia schimbă direcția energiei.
Toate meditațiile, cititul, terapia – sunt degeaba dacă nu ai luat decizia clară că nu mai vrei să trăiești în suferință."
I-am dat **Worksheet-ul nr. 3: Decizia clară**. A scris acolo: „*Aleg să nu mai tolerez frica de bucurie. Gest observabil: când simt bucuria venind, o să respir adânc și o să-i spun «bine ai venit». Nu o să o alung. Martor: soția mea.*"
A fost primul pas. Mic, dar tectonic. Pentru că a schimbat întrebarea din „Ce îmi lipsește?" în „Ce nu mai accept?".
Calea lui Andrei spre lumină nu a fost lineară. Au fost recăderi, zile în care oboseala veche îl copleșea. Dar acum avea un cod:

7.36. Noi hotărâm când suferim și când suntem fericiți
Ai dreptul să decizi starea interioară. Nu negi durerea; încetezi să te identifici cu ea și alegi din prezent.
Își amintea că emoția este o alegere. Nu era vorba să nege durerea, ci să nu se mai identifice cu ea. În loc să spună „*Sunt* deprimat", începu să spună „*Simt* o depresie acum". Această mică decalajă îi dădu spațiu de respirație. Îi dădu alegerea.
Într-o sesiune ulterioară, a venit cu o poveste. „Ieri, soția mea a primit o promoție. Era extaziată. Și eu, automat, am simțit cum o gheață mi se formează în stomac. «Gata, acum o să se întâmple ceva rău.» Am vrut să o potolesc, să-i spun să nu fie așa de entuziasmată. Dar apoi mi-am amintit. Am ales. Am respirat adânc și i-am spus: «Sunt atât de fericit pentru tine! Hai să sărbătorim!» A privit-mă uimită, apoi a izbucnit în lacrimi de bucurie. Și am ieșit la cină. Și... nu s-a întâmplat nimic rău. Doar am râs."
Asta a fost vindecarea lui Andrei. Nu a fost un moment dramatic. A fost o cină. O alegere. O rupere a lanțului transgenerațional.
„**Nu te poți uita la stele cu termometrul**," i-am spus eu atunci. (**Iulianism**) „Ai încercat să măsori iubirea și bucuria cu instrumentul fricii și al prudenței. Nu funcționează. Fiecare domeniu are limbajul și scara lui."
Când a plecat ultima oară din cabinetul meu, Andrei nu mai absorbea lumina. O reflecta. Umării îi erau mai drepți, nu pentru că nu mai căra povara, ci pentru că învățase să o împartă cu universul.
Învățase că **trauma este cod evolutiv. Suferința e alegere.**

Pelerinul Andrei m-a vindecat și pe mine. Mi-a amintit că, în oglinzire, și eu am propriile mele loialități tăcute, propriile mele frici de a fi prea fericit. A fost o oglindă care mi-a arătat că munca mea nu se termină niciodată, pentru că nici alegerile nu se termină niciodată.

El a plecat să-și trăiască viața. Eu am rămas în tăcerea care nu mai era goală, ci plină de ecoul alegerii lui. Și am știut, din nou, cu o certitudine calmă, că adevărata menire nu este de a vindeca, ci de a trezi în ceilalți dorința de a se vindeca singuri.

Pentru că, în final, **nu suntem entități separate. Suntem oglinzi vii. Iar ceea ce vindeci în celălalt îți arată ce mai ai de iertat, de înțeles, de acceptat în tine.**

Acest capitol narativ sintetizează și ilustrează aplicarea practică a codurilor, transformându-le dintr-un concept abstract într-un proces de transformare umană tangibilă.

Reflecții & Coduri activate (pentru cititor)

1.6. Codul Prezenței Transformatoare — „Sunt aici."
Exersează 3 minute respirație liniștită (4–4) și rostește încet: „Sunt aici."
Test 24h: stai 5 minute în prezență tăcută lângă o persoană dragă, fără sfaturi.

1.3. Codul Răului Transformator — „Ce am refuzat să recunosc?"
Scrie o propoziție de asumare: „Îmi recunosc că ____."
Test 24h: un pas mic care confirmă asumarea (un telefon, un „îmi pare rău", o clarificare).

3.19. Loialități inconștiente — „Pe cine aș trăda dacă m-aș vindeca?"
Fraza de dezlegare: „Te onorez și aleg drumul meu."
Test 24h: oprește un obicei pe care îl duci „din loialitate".

1.9. Codul Oglindirii — „Ce văd la celălalt îmi arată ceva din mine."
Întrebare de lucru: „Unde fac și eu (în altă formă) ceea ce mă irită?"

Test 24h: alege un gest opus reflexului tău (blândețe în loc de critică, limită în loc de tăcere).
2.15. Integrarea — „Ce parte negată cere loc?"
Denumire + loc în calendar: 10 minute dedicate acelei părți.
Test 24h: notează o nevoie clară și oferă-i un răspuns simplu.
4.24. Întrebarea care schimbă totul — „Ce aleg să nu mai tolerez?"
Listează 3 lucruri netolerabile.
Test 24h: un singur „nu" spus calm la unul dintre ele.
4.21. Decizia — „Nu mai trăiesc în suferință."
Formulează decizia la timpul prezent și semneaz-o.
Test 24h: programează un pas concret în calendar.
7.36. Hotărâm starea — „Aleg din prezent."
Ancoră zilnică (de 3 ori/zi): „Acum aleg să fiu ____."
Test 24h: schimbă deliberat o micro-stare (postură, ritm, ton).

Întrebare finală: Care este singurul pas pe care îl aleg azi ca să-mi întăresc viața? Scrie-l. Fă-l. Observă respirația după.

Capitolul 10:

Codurile Tăcerii Care Vindecă

Practica 3 — 7 coduri activate prin prezență

Sosise la mine după-amiaza, cu privirea arsă de atâta gândire. Își ținea geanta strânsă la piept, ca și cum ar fi avut înăuntru ceva viu ce putea fugi. Așezată, a respirat adânc de trei ori, de parcă își umplea plămânii cu alt aer, unul pe care nu-l mai respira de mult.

— Am făcut tot ce mi-ai spus, a început ea, cu vocea ei liniștită, dar plină de substanță. Am scris. Am pus limite. Am stat în prezență. Dar acum... acum simt că am ajuns la un alt nivel. Nu mai e vorba de supraviețuire. E vorba de cum trăiesc cu mine când nimeni nu mă vede.

Am încuviințat. Știam că după primele victorii practice, urmează adâncimea. După ce înveți să zici „nu", vine întrebarea: „Ce spui «da» cu adevărat?"

— Atunci hai să nu vorbim, am sugerat. Hai să ascultăm. Ce coduri ascunse mai așteaptă să fie activate în tine?

A închis ochii. Și am început.

1.6. Codul Prezenței Transformatoare: Terapia nu e intervenție, ci prezență

Terapia profundă nu începe cu o întrebare, nici cu o tehnică. Începe cu o prezență umană care nu fuge.

— În ce moment simți cel mai mult liniște? am întrebat-o.

— Când stau pe balcon, noaptea, și privesc stelele. Nu mă gândesc la nimic. Doar sunt.

— Ăla e locul tău sacru. Acolo nu există probleme, există doar prezență. Tăcerea interioară este comoara pe care o cauți în meditație, dar pe care o ai deja când încetezi să mai fugi de tine. Cum o cultivi?

— Îți rezervi 5 minute dimineața și seara. Nu pentru a „gândi la nimic", ci pentru a fi complet prezent cu ceea ce este. Fără telefon, fără carte, fără planuri. Doar respiri și asculți sunetul tău interior.

— În timp, această tăcere devine o resursă la care poți accesa oricând. Devine casa ta mentală.

2.11. Codul Corpului-Ancoră: Întoarce-te la ritmul de bază
Când mintea e în furtună, adu-ți corpul la mal: respiră ritmic, încetinește, ancorează-ți atenția în corp.
— Cum îți dai seama că ceva nu e bine pentru tine? am continuat.
— Simt un nod în stomac. Sau o încordare în umeri. De multe ori știu înainte să-mi dau seama de ce.
— Ăla e codul tău corporal. Corpul tău este cel mai înțelept consilier. Îl poți antrena să te conducă spre decizii sănătoase.
Cum îl activezi?
— Înainte de a lua o decizie importantă, întreabă-te: „Ce simte corpul meu?" Dacă e ușor, deschis, cald — e un «da». Dacă e greu, strâns, rece — e un «nu».
— Nu raționaliza. Doar ascultă. Corpul tău știe drumul spre viață înainte ca mintea să-și dea seama.

1.2. Codul Adevărului Mic: Spune acum adevărul pe care îl poți trăi
Nu încerca să spui tot adevărul dintr-odată. Spune doar porțiunea pe care o poți trăi azi, cu integritate.
Vorbirea adevărului nu înseamnă să spui tot ce gândești. Înseamnă să spui doar ceeace e autentic și necesar, cu intenție curată.
— De ce uneori taci când știi că ar trebui să vorbești? am pus-o.
— Pentru că mă tem de reacție. Sau ca să nu rănesc.
— Dar când taci din teamă sau falsă modestie, te rănești pe tine. Și asta se acumulează ca otravă.
Cum aplici acest cod?
— Înainte să vorbești, întreabă-te: „Spun asta din teamă sau din curaj? Din ego sau din iubire?"
— Dacă simți că e un adevăr care trebuie spus, spune-l cu blândețe, dar cu claritate. Nu pentru a câștiga, ci pentru a fi integru.

1.7. Codul Iertării Absolute: Devii asemenea Divinității prin iertare
Iertarea nu îl scuză pe celălalt. Te eliberează pe tine din poveste. Poți ierta fără să te întorci.
— Ce îți reproșezi cel mai mult? am întrebat-o.
— Că n-am fost suficient de puternică. Că am lăsat anumite lucruri să se întâmple.
— Și cum te pedepsești pentru asta?

— Mă retrag. Mă critic. Mă simt vinovată.
Cum activezi iertarea de sine?
— Scrie-ți o scrisoare de la tine, către tine. Cu compasiune, nu cu judecată.
— Spune-ți: „Înțeleg. Ai făcut ce ai putut atunci. Acum aleg să te eliberez."
— Repetă-ți: „Sunt om. Învăț. Cresc. Iertarea nu e un premiu, e o eliberare."

2.15. Ceea ce nu am integrat, ne va conduce. Ceea ce respingem, trăim ca lecție

Tot ce ai trăit, dar n-ai integrat, lucrează din umbră. Integrarea înseamnă să dai loc părții negate.
— Îți amintești visele? am continuat.
— Uneori. Dar le ignor. Par aleatorii.
— Nimic nu e întâmplător în subconștient. Visul este un mesager.
Cum îți decodezi visele?
— Ține un jurnal de vise lângă pat. Scrie imediat ce te trezești.
— Nu interpreta literal. Întreabă: „Ce simțeam în vis? Ce simboluri apăreau? Cum se leagă de viața mea de zi cu zi?"
— Poți chiar să intri în vis cu intenție. Înainte de somn, spune-ți: „Vreau să înțeleg ce trebuie să văd."

6.31. Codul Limitei Vii: Spune „până aici" fără vină

Limita blândă nu e respingere; e grijă pentru viață. Spusă calm, păstrează relația și te ține întreg.
— Cum te simți când întâlnești pe cineva care are o prezență puternică, dar calmă?
— Mă simt în siguranță. Nu intimidat, ci inspirat.
— Aia e puterea soft. E puterea care vine din centrarea interioară, nu din controlul exterior.
Cum o dezvolți?
— Practică respirația diafragmatică. 3 secunde inhală, 6 secunde exală. Calmează sistemul nervos.
— Vorbește mai puțin, mai lent, mai profunda. Nu pentru a fi misterios, ci pentru a fi clar.
— Nu impune. Propune. Nu controlează. Influențează prin exemplu.

7.36. Noi hotărâm când suferim și când suntem fericiți

Nu nega durerea și nici nu forțezi euforia. Alegi lucid, din prezent, direcția stării tale interioare.
— De ce simți nevoia să știi totul dinainte? am întrebat-o.
— Pentru control. Pentru siguranță.
— Dar viața nu poate fi controlată. Poate doar trăită. Iar uneori, răspunsul nu vine prin forțare, ci prin așteptare conștientă.
Cum aplici acest cod?
— Când ești nesigur, spune: „Nu știu încă. Și e okay."
— În loc să forțeze o soluție, pune intenția clară și apoi lasă universul să lucreze pentru tine.
— Ai încredere că ce trebuie să vină, va veni la momentul potrivit.
La final, am rămas amândoi în tăcere. Și-am simțit cum ceva se liniștește în ea — nu prin vreun răspuns, ci prin prezența care a acceptat că uneori, întrebarea este mai importantă decât răspunsul.
— Înțeleg, a spus ea cu o voce nouă, mai calmă. Nu trebuie să știu tot. Trebuie doar să fiu aici.
Și asta a fost tot codul de care avea nevoie.

Reflecții & Coduri activate (pentru cititor)
1.6. Codul Prezenței Transformatoare — „Sunt aici."
Practica: Exersează 3 minute respirația 4-4 (inspir 4, expir 4) și spune încet: „Sunt aici."
Test 24h: Stai 5 minute lângă cineva drag în prezență tăcută, fără sfaturi.
2.11. Codul Corpului-Ancoră — „Întoarce-te la ritmul de bază."
Practica: Ritmul 4-4-4-4 (inspir, țin, expir, țin-cate 4 secunde) sau 10 minute de mers în ritm constant.
Test 24h: Bea două pahare cu apă și observă după 10 minute cum s-a schimbat pulsul minții.
1.2. Codul Adevărului Mic — „Spune doar cât poți trăi azi."
Practica: Scrie o propoziție de adevăr pe care o poți onora acum.
Test 24h: Spune acea propoziție cu voce tare unei persoane de încredere.
1.7. Codul Iertării Absolute — „Eliberează-te din poveste."

Practica: Scrie o scrisoare pe care nu o trimiți (spui ce te doare și eliberezi).
Test 24h: Citește scrisoarea cu voce tare; apoi rupe/arde foaia ca ritual de închidere.
2.15. Integrarea — „Ceea ce negi te conduce."
Practica: Întrebare: „Ce parte negată cere loc azi?" Notează 10 minute și dă-i un gest mic.
Test 24h: Programează în calendar 10 minute dedicate părții identificate (azi).
6.31. Codul Limitei Vii — „Până aici."
Practica: Formulează o limită calmă: „Pot până aici. Peste asta, e alt contract."
Test 24h: Spune un singur „nu" liniștit într-o situație concretă.
7.36. Aleg din prezent — „Hotărăsc starea."
Practica: De trei ori pe zi, ancorează: „Acum aleg să fiu ____." (claritate, blândețe etc.)
Test 24h: Schimbă deliberat o micro-stare: postură, ritm, tonul vocii sau privirea.

Fișă de practică (7 zile)
— Ce am integrat azi (1 idee)?
— Ce nu mai tolerez și ce „nu" am rostit?
— Unde am pus prezență (3 minute)?
— Ce gest am făcut pentru corp (ancoră)?
— Ce decizie mică am onorat?
— Unde am folosit o limită vie?
— Ce stare am ales conștient azi?

CAPITOLUL 11 :

Introducere în platforma IULIAN AI
iuliantriboi.carrd.co

Ce este IULIAN AI -raspunde in toate limbile.

IULIAN AI este un spațiu online în care poți lucra practic cu codurile din carte. Motorul răspunde pe limba codurilor — scurt, clar și aplicat — atât când ești în criză, cât și când vrei să crești conștient.

Ce găsești pe site
• Cele trei cărți, în format PDF pentru studiu personal.
• Linkuri oficiale de achiziție pentru edițiile electronice și, când devin disponibile, pentru formatul tipărit.
• Platforma „10 întrebări" — un chestionar ghidat la care IULIAN AI răspunde punctual,in limba in care este pusa intrebarea, pe baza codurilor, cu pași de 24h și 7 zile.

Cum funcționează chestionarul „10 întrebări"
1) Completezi 10 întrebări simple (situația, ce simți, ce îți dorești, ce ai încercat).
2) IULIAN AI îți oferă răspunsuri centrate pe coduri (întrebări de lucru, micro-decizie, ancoră de corp, limită, etc.).
3) Poți reveni oricând cu noi întrebări, pentru ajustare.

Despre donații (de ce contează)
Platforma funcționează exclusiv prin donații. Fiecare dialog consumă resurse tehnice și implică costuri instant ,odata ce e pusa o intrebare, si lunare de funcționare. Dacă îți este de folos, contribuția ta menține chestionarul deschis pentru toți. Găsești butonul „Donează" pe site. Platforma se bazeaza strict pe

onestitatea utilizatorilor , donatia nefiind obligatorie , doar necesara.

Confidenţialitate & limite

• Răspunsurile sunt generate automat, pe baza codurilor. Nu înlocuiesc consultul medical, psihologic sau psihiatric.

• În cazuri clinice diagnosticate, în criză sau sub observaţie medicală/psihiatrică, foloseşte platforma doar cu acordul specialistului curant (sau al tutorelui legal). În urgenţe: 112.

• Datele introduse sunt tratate cu confidenţialitate; scrie concis şi fără detalii sensibile inutile.

Cum să începi (ghid rapid)

• Intră pe iuliantriboi.carrd.co şi alege secţiunea „10 întrebări" ce apare dupa aplicarea butonului "Doneaza". Dupa donatie se deschid si butoanele ce duc la cartile ce se deschid in alte pagini. Deschideti mai intai cartile apoi treceti la intrebari ! Dupa ce puneti prima intrebare se inchid cartile !

• Alege un singur cod(problema) pe care vrei să îl activezi azi

• Reia chestionarul când apare o nouă întrebare sau vrei să ajustezi ritmul.

Notă finală

Scopul site-ului este să aducă codurile din carte în viaţa ta de zi cu zi — prin întrebări bune şi paşi mici, repetaţi. Practica transformă lectura.

EXEMPLE DE FUNCTIONALITATE IULIAN AI INTREBARI/RASPUNSURI

INTREBARE 1:

Am supraviețuit unui accident grav, dar prietenul meu nu – de ce eu, și cum să trăiesc cu supraviețuirea când pare nedrept?

RASPUNS 1:

Când supraviețuiești unui eveniment devastator precum un accident în care un prieten și-a pierdut viața, apar întrebări profunde și uneori copleșitoare. „De ce eu?" devine o întrebare cutremurătoare, iar sentimentul de vinovăție al supraviețuitorului poate apărea ca un ecou constant al nedreptății percepute. Iulian Triboi sugerează, în reflecțiile sale, că acceptarea și găsirea unui sens sunt esențiale pentru a naviga prin astfel de momente dificile. Un prim pas ar putea fi acceptarea situației. Acceptarea nu înseamnă a fi de acord cu ceea ce s-a întâmplat, ci a recunoaște realitatea așa cum este, fără a-i permite să te definească. Acest act de acceptare, susține Triboi, îți poate oferi libertatea de a alege cum să continui să trăiești, dincolo de suferință. Apoi, găsirea unui sens mai profund în experiența trăită poate transforma trauma dintr-o povară în ostaș al transformării. Triboi vorbește despre cum momentele de criză personală pot fi văzute ca o inițiere, ca o chemare la a deveni mai conștient și mai conectat cu ceilalți. Găsirea unui scop mai mare, fie că acesta constă în ajutarea altora sau în creșterea personală, poate oferi o direcție și un motiv de a continua. Este, de asemenea, important să recunoști că durerea și pierderea pot deschide noi căi pentru empatie și compasiune. În relatările lui Triboi, supraviețuirea nu este doar despre a trece mai departe, ci despre a transforma suferința personală într-o misiune de a sprijini și ilumina viețile altora. Poți simți că nedreptatea trăită este de neacceptat, dar în iertare - fie că este vorba de iertare față de tine sau față de circumstanțe - se află una dintre cele mai puternice forme de liberare. Nu este vorba doar despre iertarea celorlalți, ci mai ales despre iertarea de sine și eliberarea de lanțurile suferinței. În cele din urmă, este vital să îți permiți să trăiești fiecare emoție și să te îngrijești de tine cu blândețe. Triboi ne amintește că adevărata vindecare începe atunci când nu mai ești speriat să privești rana, și îți dai voie să o integrezi ca parte a cine ai devenit. Prin toate acestea, viața poate fi văzută nu doar ca o serie de întâmplări, ci ca un fir de lumină și întuneric în continuă transformare, unde fiecare alegere de a păși înainte devine un act de curaj și o declarație a suveranității interioare.

INTREBARE 2:
Copilul meu adult nu mai vorbește cu mine după o ceartă veche – cum să fac pace cu pierderea relației fără să mă pierd pe mine?
RASPUNS 2:
Pierderea unei relații apropiate cu copilul tău adult poate fi o sursă profundă de durere și reflecție, dar Iulian Triboi oferă câteva perspective care te pot ajuta să faci pace cu situația fără să te pierzi pe tine. În primul rând, este esențial să înțelegi că moștenirea psihologică nu este o condamnare și că poți alege să o transformi dintr-o povară într-o oportunitate de creștere personală. Observând suferința fără a te identifica cu ea și alegând să nu o repeți, poți începe procesul de eliberare. Această abordare te ajută să-ți asumi responsabilitatea pentru propria stare emoțională și să faci alegeri conștiente care susțin vindecarea ta interioară. Poți explora metoda „Pașii Punctului Zero", un exercițiu practic propus de Triboi, care te îndrumă să-ți observi emoțiile și gândurile fără judecată și să eliberezi povestea veche care ți-a cauzat suferință. Aceasta nu doar că îți oferă o resetare emoțională, dar te ajută să rescrii un adevăr personal care îți aduce pace. În contextul unei relații rupte, Triboi sugerează că reconectarea cu sinele este esențială. Reconectarea presupune să-ți onorezi propriile emoții și nevoi și să cultivi o

relație autentică cu tine însuți. Odată ce atingi această stare de echilibru interior, poți aborda relațiile exterioare dintr-un loc de stabilitate și compasiune. Un alt aspect important este să recunoști că durerea nu trebuie să fie limbajul care definește legătura ta cu ceilalți. Dacă durerea a fost modul prin care ai interacționat cu copilul tău, poți începe să înveți și să practici un „limbaj" nou – bucuria și dorința ta autentică. Acest proces necesită timp și răbdare, dar este o investiție în tine și, potențial, în relația ta viitoare cu copilul tău. În final, vindecarea unei relații începe cu o conștientizare personală. În orice moment, poți decide să nu mai trăiești prin prisma trecutului, ci să îmbrățișezi oportunitatea prezentului, permițându-ți să fii autentic și deschis la noi experiențe. Prin urmare, făcând pace cu pierderea relației, îți oferi șansa de a-ți reconstrui viața interioară și de a crea un spațiu mai armonios pentru relațiile viitoare. Aceasta nu este doar o cale de a supraviețui emoțional, ci și de a trăi cu adevărat în libertate interioară.

INTREBARE 3:
Tatăl meu a murit de cancer, și acum eu am simptome similare – cum să nu las frica să-mi distrugă viața, dar să fiu atent fără paranoia?

RASPUNS 3:
Frica de boală, în special când există o moștenire familială, poate deveni o povară grea. Iulian Triboi vorbește despre cum să gestionăm aceste temeri fără să le lăsăm să ne domine viața. În primul rând, este important să recunoaștem că frica, atunci când este observată conștient, nu trebuie să devină o sursă de toxicitate. Frica poate servi ca un mecanism de protecție, de prevenire, dacă este înțeleasă corect și observată conștient. Triboi subliniază importanța Observatorului interior, acea parte din noi care poate privi emoțiile fără a le judeca sau reprima. Observarea conștientă

poate activa sistemul nervos parasimpatic, responsabil pentru regenerare și echilibru, reducând astfel intensitatea toxică a suferinței asupra corpului. De asemenea, este esențial să diferențiem între fricile noastre și cele moștenite. Epigenetica ne arată că nu doar ADN-ul, ci și expresia genelor poate fi influențată de experiențele strămoșilor. Astfel, putem moșteni nu doar trăsături fizice, ci și predispoziții emoționale sau tipare de gândire. Întrebarea „Acest gând sau această frică îmi aparține cu adevărat?" poate fi un punct de plecare puternic pentru eliberare. Triboi ne îndeamnă la o reprogramare conștientă a moștenirii dureroase, sugerând că nu suntem condamnați să repetăm trecutul, ci putem alege să construim ceva nou și diferit. Observarea fără identificare, validarea suferinței fără condamnare și alegerea activă a unui nou program sunt pași cruciali pentru a ne elibera de moștenirile dureroase. În final, nu uita că vindecarea nu este un proces solitar. Prezența altor persoane care ne pot susține sufletește este vitală. A fi însoțit, chiar și de un singur om, poate fi un factor transformator. Prin aceste perspective oferite de Triboi, putem învăța să navigăm printre frici și să facem alegeri conștiente care să ne susțină echilibrul interior și evoluția personală.

INTREBARE 4:
Am pierdut jobul după ani de sacrificii, și nu-mi ajung banii pentru familie – cum să renunț la carieră fără să mă simt un eșec total?

RASPUNS 4:
Renunțarea la o carieră, mai ales după ani de sacrificii, poate părea o pierdere a identității și un eșec personal. Dar, din perspectiva lui Iulian Triboi, această tranziție poate fi o oportunitate de a te apropia de autenticitatea ta interioară și de menirea adevărată. În cărțile sale, Triboi vorbește despre curajul de a trăi autentic, chiar și atunci când asta înseamnă să renunți la o carieră

care nu te mai reprezintă. Autenticitatea nu este doar o eliberare personală, ci un act de generozitate față de tine și față de cei din jur. Este mai mult decât a face ceva ce îți place; este a trăi în armonie cu cine ești tu cu adevărat. Un alt aspect important pe care Triboi îl subliniază este că menirea nu este o alegere egoistă, ci o formă profundă de generozitate. Dacă nu ne trăim vocația, suferința care rezultă nu este doar un gol interior, ci și un semnal că suntem chemați să contribuim în alt mod, mai aliniat cu darurile noastre naturale. Este esențial să înțelegi că vocația nu este un loc fix sau o etichetă, ci un mod de a trăi în acord cu tine însuți. Este despre a lăsa ceea ce ești să curgă prin tine, devenind un dar pentru ceilalți. În acest sens, fiecare eșec aparent poate deschide drumul către o nouă descoperire personală și o mai profundă comuniune cu adevărul interior. Găsirea vocației și a menirii tale nu este un proces instantaneu, dar este vital pentru a aduce sens și împlinire pe termen lung. În fața presiunii sociale și a fricii de eșec, este important să te întrebi ce alegi să asculți – frica sau adevărul tău interior. Astfel, deși pierderea unei cariere poate fi extrem de dureroasă, ea poate deveni și o piatră de temelie pentru reconstrucția unei vieți autentice și pline de sens. Este o invitație la introspecție și explorare a ceea ce te face să te simți viu și util. În acest fel, renunțarea nu este un eșec, ci un pas curajos spre un sine mai autentic și mai liber.

INTREBARE 5:
Am un diagnostic terminal, și mă întreb dacă să lupt cu toate forțele sau să accept – ce înseamnă să "împrietenești" cu moartea când te simți trădat de propriul corp?

RASPUNS 5:
Când te confrunți cu un diagnostic terminal, dilema dintre a lupta și a accepta devine adesea o călătorie interioară către sine. Conform lui Iulian Triboi, procesul de a te "împrieteni" cu moartea nu este despre capitulare, ci despre o profundă transformare interioară. A

accepta moartea ca parte integrantă a vieții poate aduce o pace neașteptată și o claritate asupra ceea ce este cu adevărat important. În lucrările sale, Triboi subliniază puterea acceptării – nu ca un act de resemnare față de suferință, ci ca un recunoaștere a realității, fără a-i permite acesteia să te definească. Acceptarea poate fi un gest radical de iubire față de sine, o condiție esențială pentru supraviețuirea spirituală și emoțională. Când accepți situația ta actuală, chiar și una dureroasă, creierul tău își activează noi rețele neuronale, mutându-te din supraviețuire în prezență. Triboi mai sugerează că există o forță în iertarea de sine – eliberându-te de povara judecăților și a percepțiilor toxice despre propria ta viață. În acest sens, a face pace cu moartea devine mai degrabă un act de eliberare, de a-ți onora viața așa cum este, în loc de a te lupta cu imposibilitățile. Așadar, în fața unui diagnostic terminal, poți alege să te împrietenești cu moartea nu prin renunțare, ci printr-o resemnificare a experienței – acceptând-o ca parte a călătoriei tale și nu ca o trădare a corpului tău. Este o invitație de a trăi în prezent, de a dărui iubire și de a te elibera de așteptările care nu mai servesc ființei tale esențiale.

INTREBARE 6:
Prietena mea cea mai bună s-a sinucis, și mă întreb de ce n-am văzut semnele – cum să iert pe mine însămi când vinovăția mă ține treaz noaptea?
RASPUNS 6:
Pentru a găsi pacea interioară și a te elibera de povara vinovăției, este esențial să înțelegi că iertarea nu este aprobarea a ceea ce s-a întâmplat, ci un act de eliberare personală. Iulian Triboi subliniază că iertarea este o eliberare din închisoarea trecutului și nu presupune ștergerea celor întâmplate, ci alegerea de a nu lăsa evenimentele dureroase să ne definească prezentul. Vinovăția este un lanț de emoții care te menține prizonieră într-o suferință repetată,

dar, prin iertare, poți rupe acest cerc și poți alege să nu mai porți o povară care nu îți mai aparține. În loc să cauți să găsești semnificația în ceea ce s-a întâmplat, concentrează-te pe cine ești și pe cine poți deveni dincolo de acele evenimente. Triboi vorbește despre iertarea de sine ca fiind esențială, pentru că tu ești cea care poartă suferința interpretării acelui moment. Iertarea de sine este un act de suveranitate interioară, prin care alegi să-ți iei viața înapoi, eliberată de durerea și vinovăția trecutului. De asemenea, este important să nu te lași pradă judecății și să accepți că nimeni nu este suma unei singure fapte; suntem toți în proces de evoluție. În această călătorie, iertarea este cheia care te ajută să lași în urmă greutatea sufletească și să îmbrățișezi o nouă perspectivă, una plină de acceptare și iubire necondiționată. Amintește-ți că iubirea necondiționată și iertarea nu sunt pentru ceilalți, ci sunt un dar pentru tine, pentru a-ți recâștiga pacea și a trăi autentic. În fața durerii pierderii, este vital să te reîntorci la tine și să-ți oferi compasiunea pe care ai fi dorit să o oferi prietenei tale. Această cale te poate conduce către o transformare autentică și o vindecare profundă.

ÎNTREBARE 7:
Soțul meu m-a părăsit după 20 de ani, și mă simt invizibilă – cum să reconstruiesc încrederea în mine când totul pare o minciună?

RASPUNS 7:
Descoperirea încrederii în sine, după o despărțire dureroasă, cere o întoarcere spre sinele autentic și o alegere conștientă de a transforma suferința într-un nou început. Iulian Triboi descrie un proces profund și transformator prin care poți reconstrui această încredere. În primul rând, este vital să recunoști vechile programe mentale care te-au ținut blocată. Aceste programe ar putea include credințe limitative precum „Nu sunt suficientă" sau „Nu pot trăi

fără el". Observarea acestor gânduri, fără a te identifica cu ele, este un pas esențial. Acest proces de observare, numit și activarea Observatorului interior, te ajută să vezi că nu ești definiția acestor gânduri, ci martorul lor. Transformarea începe, de asemenea, atunci când alegi să schimbi focusul de la lipsuri, la ceea ce funcționează în viața ta. Dacă îți concentrezi atenția pe recunoștință și pe micile victorii zilnice, îți schimbi nu doar starea emoțională, ci și chimia interioară a creierului. Această restructurare cognitivă poate fi susținută prin practici zilnice de recunoștință și apreciere, oferindu-ți perspective noi și întărind rețele neuronale asociate cu emoții pozitive. Există și un cod al menirii incrementale, care te îndeamnă să îți descoperi noi pasiunii și să le integrezi treptat în viața ta. Nu este nevoie să faci schimbări radicale, ci să începi cu pași mici, constanți, care îți aduc bucurie și sens. Acest proces îți poate restabili sentimentul de apartenență și îți poate dezvolta încrederea că poți re-crea un scop și o direcție nouă pentru tine. Prin reconectarea cu natura și alegerea de a aparține unui întreg mai mare decât formele vieții de zi cu zi, poți depăși sentimentul de izolare și separare pe care îl simți acum. Aceasta alegere zilnică de a te reconecta la univers și viață este o revoluție tăcută, dar profundă, care îți poate schimba percepția asupra singurătății. Însă, cheia reală a transformării este decizia conștientă de a te vindeca — nu doar metodele sau tehnicile pe care le poți urma. Alegerea de a nu mai fugi de durere, ci de a o confrunta și a o integra ca parte dintr-un drum al creșterii, îți poate deschide ușa către noi începuturi. Prin urmare, să recâștigi încrederea în sine după un astfel de eveniment presupune nu doar a-ți schimba perspectiva asupra ceea ce ai pierdut, ci și a conștientiza și a valida resursele și potențialul tău interior. Este un drum al reîntoarcerii la sinele autentic, unde suferința devine doar un capitol dintr-o carte mai largă care se scrie cu fiecare alegere conștientă și pas curajos făcut spre lumină.

INTREBARE 8:
Am pierdut un copil la naștere, și acum fiecare zi pare goală – de ce simt că viața mea s-a oprit, și cum să găsesc un sens nou fără să uit?

RASPUNS 8:
În scrierile lui Iulian Triboi, suferința este privită ca un impuls sacru spre transformare, nu ca o pedeapsă pentru ceea ce suntem. Ea ne învață să ne reîntoarcem la esență, să ne amintim adevărul uitat și să transcendem forma actuală. Pierderea unui copil la naștere este o traumă profundă, iar senzația că viața s-a oprit poate fi o manifestare a unei crize de sens. În momentele de criză, suntem forțați să explorăm și să creăm un nou sens al existenței noastre. Criza nu este obstacolul drumului, ci drumul în sine. Ea zguduie identitatea și convingerile pentru a face loc unei realități mai autentice. Transformarea durerii într-o formă vie, care aduce sens, este un proces de aliniere a frecvenței ființei cu conștiința simbiotică a vieții. Aceasta nu înseamnă că durerea dispare, ci că devine o parte dintr-o simfonie a devenirii, a unei existențe transcendental transformate. Pentru a găsi un sens nou, este esențial să accepți realitatea prezentă, fără a te lupta cu ceea ce deja este. Acceptarea nu înseamnă pasivitate, ci un act de recunoaștere conștientă a realității, care permite transformarea. În căutarea unui nou sens, poate fi de ajutor să te reconectezi cu pasiunile vechi sau să descoperi noi interese care să te motiveze și să îți ofere energie. Logoterapia și studiile asupra rezilienței subliniază că sensul activează sistemele cerebrale de recompensă, oferindu-ți claritate și speranță pe termen lung. Așadar, criza nu trebuie să fie doar un moment de durere, ci un prag de inițiere, o invitație către o existență mai autentică. Acesta este momentul în care se deschide oportunitatea unei renașteri interioare, explorând o nouă identitate care nu mai este definită de pierdere, ci de alegerea conștientă a iubirii și a sensului. Acest proces de transformare poate părea

copleșitor, dar este vital să înțelegi că suferința nu este un final, ci începutul unei noi căi de a fi, în care durerea nu se neagă, ci se transformă în lumină.

INTREBARE 9:
Am crescut cu un părinte abuziv care a murit, și acum simt un gol amestecat cu ușurare – e normal să nu plâng, sau sunt un monstru?
RASPUNS 9:
Emoțiile complexe pe care le simți după moartea unui părinte abuziv sunt, de fapt, o reflectare a unei dinamici interioare profunde, adesea neexplorate. Golul și ușurarea care vin după o astfel de pierdere sunt firești și nu te fac un monstru, ci un om care navighează printr-un teren emoțional complicat. În scrierile lui Iulian Triboi, se subliniază că suferința nu vine din evenimentul în sine, ci din interpretarea pe care mintea, programată social, o oferă acelui eveniment. Așadar, reacțiile tale emoționale sunt influențate nu doar de experiențele directe cu părintele tău, ci și de modul în care ai fost învățat să percepi astfel de evenimente. Este important să înțelegi că, de multe ori, emoțiile noastre nu sunt „ale noastre" în întregime, ci ecouri ale programelor pe care le-am preluat de-a lungul timpului. Ușurarea pe care o simți poate fi interpretată ca un semnal al eliberării de sub un tipar mereu apăsător, dar și ca un început al vindecării tale. Triboi sugerează că emoțiile și traumele pot crea programe de supraviețuire care reacționează în fața stresului, chiar și atunci când indivizii nu sunt conștienți de ele. Aici, e vital să începi să observi fără a te judeca, să explorezi de unde vin aceste sentimente și să le accepți fără rușine. Golul poate fi văzut ca un spațiu pentru reconstrucție lăuntrică. Nu este o absență, ci o șansă de a redefini cine ești dincolo de ceea ce a fost. În această etapă, reprogramarea activă și decizia de a face alegeri conștiente devin cruciale. Nu ești măsurat de lacrimile pe care le

verși sau nu. Fiecare persoană are un mod unic de a integra pierderea și trauma. Acceptarea acestei diversități emoționale face parte din procesul de vindecare și de descoperire a propriei identități, detașate de influențele dăunătoare ale trecutului. Așadar, normalitatea ta nu se măsoară în funcție de reacțiile tradiționale de doliu; ea este definită de capacitatea ta de a-ți accepta emoțiile și de a lucra cu ele pentru a crea un nou echilibru interior.

INTREBARE 10:
Mama mea a murit brusc, și simt că o parte din mine a dispărut odată cu ea – cum să trăiesc fără să mă simt vinovat că merg mai departe?
RASPUNS 10:
În fața pierderii unei mame, durerea ta este o temă universală care se încrustează adânc în ființă. Iulian Triboi abordează suferința și transformarea ei cu o delicatețe aparte, punând accent pe resemnificare, nu pe negare. Sentimentele de vinovăție care te cuprind atunci când încerci să mergi mai departe sunt adesea rodul unei loialități inconștiente față de cei care au suferit înaintea noastră. Această loialitate poate să se manifeste printr-o auto-sabotare a propriei fericiri, ca și cum a trăi în bucurie ar trăda suferința celor pierduți. Transformarea durerii începe cu recunoașterea acestei moșteniri emoționale și alegerea de a nu o transmite mai departe în același mod. Este esențial să conștientizezi că vinovăția nu servește nimănui – nici ție, nici memoriei mamei tale. În schimb, alegerea de a transforma durerea în compasiune și înțelepciune îți oferă o poartă către eliberare. Iertarea este un alt element central în scrierile lui Triboi, dar nu iertarea în sens clasic, ci o eliberare de lanțurile emoționale ale trecutului. Nu este despre a șterge ce s-a întâmplat, ci despre a decide că nu vei mai lăsa acele evenimente să îți otrăvească prezentul. În fața pierderii, există și o chemare la resemnificare. Nu este nevoie să schimbi amintirile, ci

să îți schimbi relația cu ele. A trăi mai departe nu este o trădare a mamei tale, ci o celebrare a vieții pe care ea ți-a dăruit-o. Așa cum unele florile își îndreaptă fața către soare după furtună, a continua să trăiești este un formă de respect și onorare a vieții pe care ea a trăit-o și a iubirii pe care ți-a oferit-o. În final, este important să îți permiți să simți durerea dar să nu îi permiți să te definească permanent. Suferința, așa cum o descrie Iulian Triboi, nu este o pedeapsă, ci un impuls sacru către ceea ce suntem meniți să devenim. Este o transformare profund umană, una care îți aduce aminte de esența și de puterea ta. Așadar, amintește-ți că nu vinovăția, ci iubirea și memoria iubirii sunt cele care pot să te ghideze în această călătorie interioară. Transformă această pierdere într-o lecție de compasiune și înțelepciune – nu doar pentru tine, ci și pentru cei din jurul tău, devenind astfel un far de lumină și înțelegere în vremuri de întuneric.

INTREBARE 11:
Am trecut prin multe în viață — abandon, traume, relații eșuate, iar acum simt că mă sufoc singur cu gândurile mele.De ce fac asta? Și cum pot ieși din cercul ăsta fără să mă pierd și mai mult pe mine?
RASPUNS 11:
Când te simți prins în capcana propriilor gânduri, sufocat de amintirile și experiențele dureroase ale trecutului, este crucial să începi un dialog interior sincer și să îți chestionezi suferința. Iulian Triboi subliniază că primul pas spre eliberare este să te întrebi „De ce sufăr?" și să recunoști că această suferință nu îți aparține cu adevărat, ci poate fi moștenită sau asimilată inconștient. Un aspect esențial al vindecării este alegerea conștientă de a nu te mai identifica cu suferința. Aceasta presupune să observi trauma fără a te lăsa definit de ea. E un proces de dezidentificare de la rolurile și convingerile care te-au menținut captiv. Începi să îți reiei autoritatea asupra propriului destin nu prin respingerea trecutului,

ci prin alegerea de a nu mai fi prizonierul lui. Vindecarea, conform lui Triboi, începe atunci când oprești fuga de tine însuți. Nu este vorba de găsirea unei metode miraculoase, ci de momentul în care alegi să nu te mai ascunzi de adevărul tău interior. Acest moment este semnalul că terapia începe cu adevărat, căci nu metoda vindecă, ci decizia de a nu mai fugi. Este important să recunoști că decizia de a te vindeca nu necesită aprobarea altora. Înțelegerea clară că nu te mai definești prin suferința moștenită poate aduce o nouă energie, una calmă și concentrată. Vindecarea adevărată nu implică niciodată uitarea sau negarea traumei, ci înțelegerea și integrarea ei ca punct de plecare pentru evoluție. Pentru a ieși din cercul auto-impus al suferinței, este vital să observi și să accepți experiențele dureroase ca parte din existența ta, dar nu ca unicele definitorii. Alegerea conștientă de a transforma aceste experiențe în lecții de compasiune față de tine însuți și față de ceilalți este cheia eliberării. Pe măsură ce îți redobândești autonomia asupra gândurilor și emoțiilor tale, poți începe să îți reconstruiesti viața pe principii care susțin simbioza și conexiunea autentică cu cei din jur. Fiecare pas pe care îl faci spre conștientizare și transformare aduce nu doar liniște interioară, ci și o contribuție la un colectiv mai sănătos și mai conștient de sine. Nu uita că trauma este doar un început, nu un capăt de drum. Este o oportunitate de transfigurare, unde suferința poate deveni materie primă pentru conștiință. Alege să nu te mai negi și să nu mai fugi, și astfel, vei descoperi adevărata libertate interioară.

INTREBARE 12:
Va trebui să retrăiesc trauma în terapie?
RASPUNS 12:
În lucrările lui Iulian Triboi, ideea de retrăire a traumei în terapie nu este promovată ca o necesitate. Mai degrabă, accentul se pune pe procesarea conștientă și eliberarea de identificarea cu trauma,

fără a fi necesară retrăirea acesteia. Diferitele metode terapeutice prezentate, cum ar fi Internal Family Systems (IFS) și EMDR, sunt menționate ca moduri prin care se poate observa și vindeca trauma fără reactivare. Observatorul interior este un instrument central propus de Triboi, care permite persoanei să privească trauma dintr-un spațiu unde nu mai este prizoniera ei, recunoscând că „acest lucru a fost, acum nu mai este". Aceasta implică faptul că vindecarea nu necesită re-traumatizare, ci mai degrabă o integrare conștientă și un dialog compasional cu sinele. Însăși asumarea traumei nu înseamnă retrăire, ci un proces de învățare și transmitere diferită, unde tiparele negative sunt transformate – frica devine grijă conștientă, iar rușinea se transformă în demnitate. Acest proces de vindecare implică eliberarea de moșteniri dureroase și alegerea conștientă de a nu lăsa ca trecutul să mai guverneze viața prezentă. Această abordare sugerează că nu este nevoie să retrăiești trauma pentru a te vindeca, ci mai degrabă să o integrezi și să îți rescrii povestea personală cu o conștientizare mai profundă și fără a te identifica cu suferința.

INTREBARE 13:
Ce pot face imediat după o traumă?
RASPUNS 13:
Imediat după o traumă, este esențial să cultivi un spațiu al acceptării și observării, nu al fugii de durere. Iulian Triboi sugerează că vindecarea începe prin a nu te mai teme să-ți privești rana și a observa locul unde aceasta se simte în corp. Un pas important este să îți acorzi permisiunea de a simți emoțiile asociate traumei, fără a le reprima. Prin acceptarea faptului că trauma a fost un eveniment real, dar interpretarea ei poate fi rescrisă, începi procesul de alchimizare, transformând suferința în materie primă pentru creștere. De asemenea, observatorul interior, un concept menționat de autor, te ajută să ieși din capcana temporală a traumei.

Prin observarea dintr-un spațiu de neutralitate, îți poți recontextualiza experiența fără a rămâne prizonierul ei. În această etapă incipientă este, de asemenea, benefic să practici auto-dialogul compasional, să te întrebi ce ai spune unui copil care a trecut prin aceeași experiență și să îți oferi același tip de sprijin. Aceste acțiuni nu numai că încep procesul de vindecare, dar sprijină și reconectarea cu sinele tău post-traumă, întrebându-te cine ești dincolo de durere. Astfel, printr-o abordare conștientă și compasională, trauma nu devine capătul drumului, ci începutul unei posibile transformări, un catalizator pentru creșterea ta interioară și pentru o viață împlinită.

INTREBARE 14:
Pentru ce sunt recunoscător în viața mea?
RASPUNS 14:
Recunoștința, așa cum este reflectată în lucrările lui Iulian Triboi, reprezintă o întoarcere la esența vieții trăite conștient. Ea nu se naște din acumularea materială sau din recunoașterea socială, ci dintr-o conexiune profundă cu propria noastră sursă interioară. Într-o lume adesea dominată de zgomotul exterior și de nevoia constantă de validare, Triboi ne invită să ne întoarcem la sine, să recunoaștem și să apreciem darurile subtile ale existenței noastre. Frecvența ființei, un concept explorat în scrierile sale, este văzută ca o formă de recunoștință față de însăși existența noastră. Aceasta nu se dobândește prin forță sau dorință, ci prin prezență. Este darul tăcerii care simte și al adevărului care nu are nevoie de aplauze. Pentru a trăi o viață plină de sens și integritate, este esențial să ne reconectăm la sursa din care ne-am născut. Recunoștința nu este doar o formă de apreciere, ci un canal prin care să lăsăm iubirea să curgă prin noi, reînnoind și regenerând totul. Când iubirea curge liber, nimic nu se pierde, totul se transformă. Triboi ne încurajează să vedem fiecare zi ca pe un dar, mulțumind Universului pentru încă o zi de

viață. Această atitudine de recunoștință ne permite să ne bucurăm de prezent fără să ne preocupăm excesiv de ce va aduce ziua de mâine. În concluzie, recunoștința nu este doar o emoție temporară, ci un mod de a ne ancora în prezent, de a transforma suferința în lumină și de a trăi într-o simfonie a devenirii. Această stare interioară ne permite să ne conectăm mai profund la noi înșine și la ceilalți, creând astfel un spațiu pentru iubire și transformare autentică.

INTREBARE 15:
Cum pot să vindec trauma din copilărie?
RASPUNS 15:
Vindecarea traumei din copilărie, așa cum este abordată de Iulian Triboi, nu este un proces simplu, dar este unul profund transformator. Cheia constă în resemnificarea trecutului și în alegerea conștientă de a nu lăsa evenimentele trecute să ne definească prezentul. Nu se cere o luptă împotriva trecutului, ci o resemnificare a lui prin iertare, acceptare și iubire necondiționată. Vindecarea începe prin înțelegerea faptului că nu suntem doar produsul momentelor dificile, ci și al felului în care am ales să le interpretăm și să ne raportăm la ele. Un pas esențial în acest drum este iertarea – nu pentru a justifica faptele celor care ne-au rănit, ci pentru a ne elibera pe noi din lanțurile suferinței. Este un act de eliberare a emoțiilor negative care, netratate, ne pot otrăvi prezentul. Un alt aspect important este decizia de a nu mai trăi în suferință. Această decizie nu necesită doar dorință, ci și acțiune concretă – renunțarea la tiparele vechi de comportament și alegerea unor noi căi care să susțină un mod de viață mai sănătos și mai fericit. Observatorul interior joacă un rol critic în acest proces, oferindu-ți perspectiva necesară pentru a privi trauma fără a te identifica cu ea, permițându-ți astfel să o procesezi și să te eliberezi de povara ei. În concluzie, vindecarea traumei din copilărie după

viziunea lui Iulian Triboi implică o combinație de iertare, resemnificare, descoperire a propriei valori și asumarea conștientă a unei vieți eliberate de suferință. Este un proces alchimic de transformare a durerii în lumină și a suferinței în înțelepciune.

INTREBARE 16:
Cum gestionez eșecurile sau obstacolele?
RASPUNS 16:
Gestionarea eșecurilor și obstacolelor, așa cum este abordată de Iulian Triboi, este un proces adânc de înțelegere și transformare a provocărilor în oportunități de evoluție personală. În lucrările sale, Triboi se concentrează pe crizele personale și pe momentul în care ego-ul vechi nu mai poate susține noua realitate a individului. În acest sens, criza nu este văzută ca un eșec personal, ci ca un semnal că vechile structuri identitare trebuie să se dezintegrizeze pentru a face loc unei versiuni mai autentice a sinelui. Când ne confruntăm cu o criză sau un obstacol, primul pas este să ne conștientizăm și să acceptăm că nu toate gândurile și reacțiile sunt ale noastre sau despre prezent. O parte din „noi" este adesea un program moștenit, iar observarea acestui program poate fi începutul reprogramării. Este esențial să identificăm și să renunțăm la credințele limitative care ne împiedică să acționăm. Aceste credințe sunt adesea formate în copilărie sau în momente de traumă, și pot duce la auto-sabotaj. Frica, adesea percepută ca un obstacol, trebuie privită ca un combustibil pentru acțiune și conștientizare. Frica devine problemă doar atunci când nu o conștientizăm și nu o integrăm ca pe un catalizator constructiv. Iulian Triboi ne îndeamnă să nu grăbim procesul de traversare a unei crize. În loc să căutăm imediat certitudini, este recomandabil să stăm cu întrebările, lăsându-le să ne curețe. Este important să observăm ce aspecte ale vieții noastre se destramă și să înțelegem că acele aspecte nu ne mai sunt necesare. În concluzie, eșecurile și obstacolele sunt parte integrantă

din procesul de dezvoltare personală, iar gestionarea lor necesită o abordare conștientă, bazată pe acceptare, transformare interioară și reconfigurare a credințelor limitative care ne-au condus până acum. Aceasta este o invitație la a deveni mai autentici și mai conectați la sinele nostru profund.

INTREBARE 17:
Cum gestionez eșecurile sau obstacolele?
RASPUNS 17:
Eșecurile și obstacolele sunt parte integrantă a existenței, nu doar ca piedici, ci ca oportunități de transformare profundă. În lucrările lui Iulian Triboi, aceste momente sunt descrise ca portaluri către descoperirea de sine și către creștere. Gestionarea lor cere o schimbare de percepție: să vedem criza nu ca pe un sfârșit, ci ca pe un catalizator al reechilibrării. Triboi sugerează că crizele personale și colective nu sunt accidente, ci mesaje care ne provoacă să reevaluăm ce sistem sau identitate nu mai funcționează. Un aspect central este să înțelegem că ceea ce nu am integrat în viața noastră continuă să ne controleze. Refuzul de a accepta și de a înțelege propriile răni ne face să le repetăm în mod inconștient. Astfel, integrarea devine cheia către depășirea obstacolelor, transformând durerea în înțelepciune. Considerăm criza ca o treaptă de inițiere, o chemare la un salt interior. În momentele în care totul pare să se prăbușească, ni se oferă șansa de a ne transforma. În loc să ne identificăm cu vechile identități care cedează, criza ne forțează să descoperim sinele autentic, acel nucleu care așteaptă să fie revelat. Înfruntarea obstacolelor cere, de asemenea, recunoașterea și eliberarea de credințele limitative care ne blochează. Acestea sunt adesea moștenite și perpetuate inconștient, dar conștientizarea lor ne permite să le reevaluăm și să le rescriem, transformându-le din piedici în trepte către împlinire. Astfel, eșecurile nu sunt finaluri, ci începuturi. Ele sunt oportunități de a intra în contact cu adevărata

noastră menire și de a trăi cu autenticitate și claritate. Gestionarea lor cu succes necesită răbdare, introspecție și un angajament față de creștere personală continuă.

INTREBARE 18:
Ce este „vindecarea copilului interior" și de ce contează?
RASPUNS 18:
Vindecarea copilului interior, așa cum o reflectă Iulian Triboi, nu este un simplu proces de liniștire a unor amintiri dureroase, ci un act profund de reconectare cu esența noastră cea mai autentică. Este despre a recunoaște că, în adâncul nostru, copilul care a trebuit să se adapteze la un mediu uneori ostil nu a fost văzut sau acceptat pentru cine era cu adevărat. Acest copil, în încercarea sa de a căuta iubirea, a învățat să-și modeleze comportamentul, adesea sacrificându-și autenticitatea pentru a obține aprobarea și afecțiunea celor dragi. Importanța vindecării copilului interior este vitală, deoarece multe dintre strategiile de supraviețuire pe care le dezvoltăm în copilărie devin obstacole în viața adultă. Când nu suntem conștienți de aceste tipare, riscăm să perpetuăm relații bazate pe suferință și să atragem oameni care nu ne pot iubi pentru cine suntem, ci doar pentru ceea ce le oferim. Vindecarea începe atunci când realizăm că nu trebuie să demonstrăm nimic pentru a fi demni de iubire. Această recunoaștere deschide calea către un spațiu lăuntric unde putem fi noi înșine, fără teama de a nu fi suficienți. Prin eliberarea de nevoia de a demonstra valoarea noastră prin fapte, ne permitem să trăim dintr-un loc de autenticitate și suveranitate personală. Procesul implică conștientizarea și restructurarea cognitiv-emoțională, unde individul își dă voie să fie, să greșească și să ceară ajutor, fără a se simți vinovat. Așa cum un adult reușește să își alchimizeze trecutul, nu mai poartă traumele ca poveri, ci le transformă în surse de putere și înțelegere. Vindecarea copilului interior contează pentru că ne permite să ieșim din

cercurile vicioase ale suferinței și să începem să trăim dintr-un loc de plenitudine și iubire necondiționată. Este despre a reîncepe să trăim nu prin prisma a ceea ce ne-a fost impus din exterior, ci prin ceea ce alegem să devenim. Această transformare interioară ne conduce la o viață mai autentică și mai plină de sens.

INTREBARE 19:
Ce sunt „declanșatorii" unei traume și cum îmi afectează viața de zi cu zi?

RASPUNS 19:
„Declanșatorii" unei traume reprezintă acele evenimente, persoane sau situații care reactivează o rană emoțională nevindecată. Ei sunt ca niște chei ce deschid uși către amintiri dureroase, provocând reacții emoționale intense care pot părea disproporționate în raport cu situația prezentă. Aceste declanșatoare pot fi externe, precum o frază sau un miros familiar, sau interne, precum o anumită gândire sau emoție. Afectarca vieții de zi cu zi prin acești declanșatori se manifestă adesea prin reacții automate care ne scot din echilibrul emoțional. Traumatismele netratate pot transforma aceste reacții într-un tipar de auto-sabotaj, afectându-ne relațiile, deciziile și chiar percepția de sine. În esență, ceea ce nu am integrat din trecut poate deveni un ciclu repetitiv de suferință, influențându-ne opțiunile și comportamentele fără ca noi să fim pe deplin conștienți. În fața acestor provocări, cheia este să devenim observatori ai propriilor reacții, să le înțelegem și să le procesăm, în loc să le respingem. Abordarea traumei cu o atitudine de acceptare și iertare, mai degrabă decât de negare, ne poate conduce către eliberare și transformare personală. Fiecare declanșator ascunde în el o lecție nespusă — iar atunci când alegem să îl privim ca pe o invitație la vindecare și nu ca pe o condamnare, el devine poarta prin care durerea se transformă în înțelepciune.

INTREBARE 20:
Poți să-mi dai exemple de strategii sănătoase prin care să fac față traumei?

RASPUNS 20:
Iulian Triboi oferă o abordare profundă și transformatoare asupra modului în care putem face față traumei, nu prin simplă supraviețuire, ci printr-o renaștere interioară. Iată câteva dintre strategiile sănătoase sugerate în lucrările sale: 1. **Observare și Conștientizare**: Primul pas în vindecare constă în a deveni un observator al propriei traume, recunoscându-i prezența fără a te identifica cu ea. Aceasta înseamnă să vezi trauma ca un fapt care a avut loc, dar care nu definește întreaga ta existență. 2. **Recontextualizarea Traumei**: Folosind rescrierea narativă, poți să redescrii evenimentul traumatic, nu pentru a nega realitatea acestuia, ci pentru a schimba interpretarea sa. Aceasta poate implica recunoașterea vulnerabilității tale din trecut, dar și conștientizarea faptului că acum ești într-o poziție diferită, mai puternică. 3. **Conectarea cu Corpul**: Trauma poate fi stocată în corp, manifestându-se prin senzații și reacții inexplicabile. Prin terapii somatice, mindfulness sau yoga, putem ajuta la eliberarea acestor tensiuni și la restabilirea unei conexiuni sănătoase cu corpul nostru. 4. **Alegerea Conștientă și Decizia de Vindecare**: Este important să faci o alegere clară de a nu mai trăi sub influența traumei. Această decizie este esențială, deoarece exercițiile sau terapiile doar sprijină, dar nu pot înlocui voința personală de a transcende trauma. 5. **Iertarea și Stabilirea de Limite**: Iertarea nu înseamnă acceptarea comportamentului care a cauzat trauma, ci eliberarea din lanțul emoțional al acesteia. Stabilirea unor limite sănătoase te ajută să-ți creezi un spațiu sigur pentru vindecare. 6. **Educație Emoțională și Empatie Activă**: Cultivarea unei educații care să includă empatia ca normă poate preveni retraumatizarea socială. Empatia trebuie să vină nu doar dintr-un

loc de înțelegere, ci și din dorința de a oferi soluții și suport real. 7. **Ritualuri de Vindecare și Conectare**: Implinirea unor ritualuri de iertare, reflecție și celebrare a eliberării poate fi un mod simbolic și practic de a încheia un capitol dureros, permițându-ți să treci la unul nou. Prin aceste strategii, Iulian Triboi nu doar propune metode de a face față traumei, ci și un mod de a transforma acele experiențe dureroase în puncte de plecare pentru o viață mai plină de sens și libertate interioară.

Mesaj de încheiere

Întrebările și răspunsurile din acest capitol sunt doar o parte din ecoul colectiv al suferințelor și căutărilor pe care le purtăm cu toții. Am ales să le adun aici nu pentru a închide un cerc, ci pentru a deschide o cale. Ele sunt mărturia faptului că, în ciuda diferențelor noastre, orice om se poate regăsi, măcar în parte, în întrebările altuia.

Am dorit să arăt prin aceste exemple modul în care **Platforma IULIAN AI**, disponibilă pe iuliantriboi.carrd.co, poate răspunde vieții reale: cu reflecții, cu coduri de conștiință și cu invitații la transformare. Aceasta nu este o platformă de rețete, ci un spațiu viu, în care poți adresa propriile tale întrebări — unele inspirate de cărți, altele născute din viața ta — și poți primi răspunsuri personalizate, menite să compenseze nevoile și crizele individuale

Dacă ai simțit că aceste răspunsuri ți-au atins o rană sau ți-au adus un strop de claritate, continuă călătoria ta mai departe. Platforma este deschisă pentru tine, pentru întrebările tale, pentru ritmul tău. Pentru că vindecarea și creșterea nu se opresc la paginile unei cărți, ci continuă acolo unde tu alegi să întrebi și să primești.

*Considerați Platforma **IULIAN AI** drept un ghid viu și aplicativ al trilogiei, un spațiu unde întrebările voastre personale sunt **iulianizate** – analizate, sintetizate și transformate în răspunsuri clare, adaptate nevoilor individuale. Acolo puteți continua drumul început în aceste cărți, adresând întrebări specifice și primind reflecții personalizate, menite să compenseze și să sprijine propriile voastre procese de vindecare și evoluție.*

*A **iulianiza** înseamnă a lumina rana și a o transforma în cod de vindecare – o sinteză vie dintre întrebare și răspuns, dintre suferință și înțelepciune aplicată. Este procesul prin care trauma devine evoluție, viața se așază în simbioză, iar ceea ce părea un «rău» se normalizează și se maximizează ca act necesar al transcenderii către ceea ce ești chemat să devii pentru tine si pentru cei din jurul tau.*

BIBLIOGRAFIE SELECTIVĂ

Notă: titlurile pot exista în ediții/denumiri diferite în limba română vs. engleză; alege ediția disponibilă.

Atașament & co-reglare
- John Bowlby — Attachment and Loss (vol. I–III)
- Mary Ainsworth — Patterns of Attachment
- Daniel J. Siegel — Mindsight / The Developing Mind (integrare, reglare)
- James A. Coan — Social Baseline Theory (co-reglare și siguranță socială)
- Stephen W. Porges — The Polyvagal Theory (nerv vag, co-reglare)

Traumă & corp (somatic, EMDR, MBSR)
- Bessel A. van der Kolk — The Body Keeps the Score (traumă, memorie somatică)
- Peter A. Levine — Waking the Tiger / In an Unspoken Voice (somatic experiencing)
- Francine Shapiro — Eye Movement Desensitization and Reprocessing (EMDR)
- Pat Ogden — Sensorimotor Psychotherapy (integrări corp-minte)
- Jon Kabat-Zinn — Full Catastrophe Living (MBSR, prezență)

Integrare, loialități & „părți"
- Judith Herman — Trauma and Recovery (dinamici victimă–agresor, reconectare)
- Richard C. Schwartz — Internal Family Systems Therapy (IFS)
- Rachel Yehuda — studii despre epigenetica traumei (transmitere transgenerațională)
- Bert Hellinger — Constelațiile familiale (context fenomenologic; abordare controversată)

Compasiune, iertare & limite

- Everett L. Worthington Jr. — Forgiveness and Reconciliation (modelul REACH)
- Paul Gilbert — The Compassionate Mind (Compassion-Focused Therapy)
- Kristin Neff — Self-Compassion (practici de auto-compasiune)

Reglare emoțională & reîncadrare

- James J. Gross — Emotion Regulation (strategii, reîncadrare)
- Tania Singer & Olga M. Klimecki — Compassion training (empatie vs. compasiune)
- Lisa Feldman Barrett — How Emotions Are Made (teoria emoțiilor construite)

Neuroștiințe, stres & integrare

- Allan N. Schore — Affect Regulation and the Origin of the Self (dezvoltare afectivă)
- Thayer & Lane — A model of neurovisceral integration (HRV și autoreglare)
- Jaak Panksepp — Affective Neuroscience (circuitele emoționale de bază)
- Robert Sapolsky — Why Zebras Don't Get Ulcers (stres cronic, axa HPA)

Creștere posttraumatică & învățare socială

- Tedeschi & Calhoun — Posttraumatic Growth (cadru pentru „a crește după traumă")
- Albert Bandura — Social Learning Theory / Self-Efficacy (modele, expuneri graduale)

Cuvânt de final — Drumul care rămâne

Această a treia carte închide un cerc și deschide un drum. Am așezat aici coduri, povești și practici nu ca să te conving de ceva, ci ca să-ți pui viața în mișcare: un pas mic, repetat, cu sens. Dacă ai ajuns până aici, ai deja în palmă un instrumentar suficient ca să nu te mai pierzi când vine valul.

Codurile nu sunt teorii frumoase. Sunt o hartă frumoasa, simplă pentru zile reale. Când pui Prezență (1.6), se opresc la ușă fuga și rușinea. Când spui Adevărul mic (1.2), respirația găsește loc. Când te întorci la Corpul-ancoră (2.11), mintea încetează să alerge singură. Când alegi Integrarea (2.15), nu mai lași părțile negare să-ți conducă viața. Când practici Iertarea (1.7), povestea veche nu te mai ține prizonier. Când spui Limita vie (6.31), rămâi întreg și relația are o șansă. Când Alegi din prezent (7.36), nu mai amâni viața pentru „cândva".

Ține aproape regula care trece prin toate: Exercițiul nu vindecă. Decizia o face (4.21). De fiecare dată când lumea din jur te trage înapoi, caută înăuntru un „da" clar și un „până aici" blând. Ele nu rup poduri, ci le așază corect.

Nu ești singur. O parte din drum se face în doi-trei oameni vii, care pot sta cu tine când îți tremură genunchii. Caută sau construiește o comunitate sănătoasă: un loc mic, onest, unde prezența se învață, iar limitele se spun liniștit. Acolo se fixează reflexele noi.

Uneori vei cădea înapoi. E omenesc. Nu te pedepsi. Reia metodologia simplă: oprește-te, respiră, numește adevărul mic, pune o limită, fă un pas în 24 de ore. Repetă șapte zile. Apoi lasă treizeci de zile să sape adânc. Acolo se schimbă caracterele.

Dacă ai nevoie de ghidaj imediat, platforma IULIAN AI îți rămâne deschisă. Îți poate ține locul unui „prieten bun" când n-ai pe cine suna: pui 10 întrebări, primești răspunsuri pe limba codurilor. Ține minte: nu ține locul specialiștilor; este doar un instrument de orientare și practică. Uneori poate fi suficient, dar cand nu este, nu uita „VIATA are prioritate"!

Trauma îți arată unde s-a rupt fluxul. Codurile îți arată cum îl reduci în curgere. Practica îl fixează în ziua de mâine. Iar când se liniștește apa, ceea ce numești „menire" începe să se arate nu ca performanță, ci ca o formă naturală de viață: ajuți din ceea ce ai traversat, fără zgomot, fără scenă.

Îți mulțumesc că ai mers cu mine până aici. Pune cartea jos, alege un cod și fă un pas astăzi. Restul vine din mers.

Iulian Triboi

Scrisoare de încheiere către generațiile viitoare

Dragă Cititor,

Dacă ai ajuns aici, înseamnă că ai parcurs cele trei cărți ale acestei trilogii. Și asta nu este o întâmplare. Este o trecere de ponton. O înmânare de torță. O chemare la răspundere.

Eu, Iulian Triboi, mi-am trăit misiunea. Am scris, am simțit, am rănit, m-am vindecat, am dat, am primit, am căzut, m-am ridicat. Am fost vas, pelerin, martor și, uneori, mesager. Am scris această trilogie nu ca să mă memorezi, ci ca să te regăsești.

Acum, misiunea mea se încheie.

A ta începe.

Nu cu un sfârșit, ci cu un început.

Trilogia aceasta nu este doar o serie de cărți. Este un ciclu de transformare.

– *A Treia Carte* a fost pământul și rădăcina — suferința și arhiva nevăzută.

– *A Doua Carte* a fost trunchiul și ramurile — lecțiile țesute în hărți.

– *Prima Carte* a fost rodul — înțelepciunea strânsă la piept.

Și acum, tu ești sămânța.

Această scrisoare este pontonul dintre misiunea mea și a ta.

Nu te invit să-mi urmezi pașii. Te invit să-ți găsești propriul drum, cu instrumentele pe care ți le-am lăsat: codurile, worksheet-urile, reflecțiile și, mai ales, curajul de a te privi în oglindă și de a acționa.

Nu mai e nevoie să repeți suferința trecutului. Ai acum cheile. Ai acum harta. Ai acum permisiunea să schimbi, să crezi, să ierți, să iubești, să fii.

Misiunea ta nu este să mă onorezi pe mine.

Ci să îți onorezi potențialul.

Să trăiești cu simbioză.

Să transformi durerea în lumină — nu a ta, ci a celor care vor veni după tine.

Am scris pentru tine.

Pentru că am știut că vei veni.

Și acum că ai ajuns, îți transmit torța.

Cu ea, poți să dai lumină altora.

Sau să aprinzi focuri noi.

Să clădești poduri.

Să torni cuvinte acolo unde a fost doar tăcere.

Nu uita:
Nicio suferință nu este zadarnică dacă devine lecție.
Nicio lecție nu este completă dacă nu este transmisă.

Trilogia se închide.
Calea ta se deschide.

Găsește codurile generațiilor tale și oferă-le și tu mai departe, întru echilibru și simbioză, împlinindu-ți menirea.

Cu credință în tine,
Iulian Triboi